21世紀日本企業の経営革新

コーポレート・ガバナンスの視点から

鈴木敏文
楠美憲章
宮内宏二
池田守男
本林理郎
荻野博司
木下博生
高橋弘幸
下田卓志
永井和之
李　維安

監修▶中央大学総合政策研究科 経営グループ

中央大学出版部

序

本書は、二〇〇二年九月二四日から翌二〇〇三年二月四日に至る毎週火曜日に、総合政策フォーラムⅡ（担当は、林昇一、佐久間賢、丹沢安治）において開催された連続講演会を活字化したものである。中央大学大学院総合政策研究科において、研究応用科目である「総合政策フォーラム」は、もとより複数の専任教員が合議しながら「その時代々々の焦眉の問題」を取り上げ、専門家を招いて講演と討論を行うという趣旨の科目である。この時には「21世紀日本企業の経営革新とコーポレート・ガバナンス」というテーマを掲げ、さらに、当時大学院博士後期課程に在籍し（現在総合政策学部客員教授）中央大学の南甲倶楽部（OB財界人の団体）の有力メンバーである西藤輝氏のサポートを受けて、日本を代表する企業の経営者、各界の著名な論者を集め、内容の濃い連続講演会となった。

我々が考えた焦眉の問題とは、当初、ITの進歩、グローバリゼーション、環境問題の尖鋭化、失われた一〇年と言われる経済的不況など、日本の社会経済におけるさまざまな変化が企業経営にどのような変化をもたらしているか、コーポレート・ガバナンスという視点から見ようというものだった。経営者たちはさまざまなやり方でこれらの変化に適応しているが、その適応は結果的に株主と経営陣との関係の新規のデザインという狭義のコーポレート・ガバナンスについても、またすべてのステークホルダーを含む企業組織全体の統治構造の変容という広義のコーポレート・ガバナンスについても大きな変化をもたらしているに違いないと考えたからである。

このような我々の目論見は予想を超えて成功したように思われる。講演者たちは、市場環境の変化への対応、企業不祥事への対応、商法の改正とその意義など具体的にテーマを取り上げ展開したためである。特に南甲倶楽部と西藤輝客員教授の助力により、我が国を代表する経営者が講演者として次々に登場し、経営革新について内容の濃い生の情報が提供された。また各分野の専門家たちに白熱したディスカッションを呼び起こした。総合政策研究科の大学院生、他研究科の大学院生、学部学生のみならず、多くの社会人、企業人が聴講のために集まり、大いなる盛況をもたらしたのである。西藤客員教授は、特にVisionary（基本理念をしっかりすること）、Comprehensive（問題の本質を包括的に捉えること）、Global（グローバルな視点で捉えること）というキーワードを掲げ、この科目の編成に尽力したが、その貢献は非常に大きかったと言えるだろう。

こうした経緯から、本書は、結局二つの部分から構成されることになった。第Ⅰ部「経営革新に学ぶ」と第Ⅱ部「コーポレート・ガバナンスに学ぶ」である。その共通点は、どちらも日本の社会経済が直面している市場の成熟化を軸に展開していることだろう。それは、高度経済成長をもたらし、我が国の繁栄をもたらした産業革命後の大規模組織・大量生産の時代の経営とコーポレート・ガバナンスから、成熟した市場において「実需へのソリューションの提供」を試みる企業への変化であり、その結果変化したステークホルダーにおける主役の交替に対応したコーポレート・ガバナンスである。第Ⅰ部では我が国を代表する経営者たちがどのように経営革新を行ってきたかが述べられている。そして第Ⅱ部では、その革新とともに生じたステークホルダーの交替が、コーポレート・ガバナンスの枠組みから捉えられていると言えよう。

第1章の「セブン・イレブンの創造的経営とコーポレート・ガバナンス」は、鈴木敏文氏（株式会社イトーヨーカ堂代表取締役会長兼CEO、株式会社セブン‐イレブン・ジャパン代表取締役会長兼CEO）が、豊かな社会、成熟した市場に直面して、量産・低価格というビジネスモデルを超えた氏の持論が展開されている。第2章「日産自動車の経営革新とコーポレート・ガバナンス」において楠美憲章氏（元日産自動車株式会社代表取締役副社長・中央大学客員教授）は、日産が一時期パフォーマンスを落としていたのは、コーポレート・ガバナンスに問題があったからであり、ルノーとの提携により、これまでのしがらみを断ち切った変革が可能になったと、この変革を振り返っている。

第3章「ヤマト運輸の経営革新とコーポレート・ガバナンス」において宮内宏二氏（ヤマト運輸株式会社前代表取締役会長）は、「時代の流れをつかむことの重要性」を指摘し、関東一円のネットワークを持つ輸送会社から「組み合わせ事業」への革新について語っている。変化に対応した経営革新の一大モデルであるヤマト運輸の事例は本当に興味深いと言えよう。第4章「企業価値を高める経営、資生堂の経営革新とコーポレート・ガバナンス」においては、池田守男氏（株式会社資生堂代表取締役社長）が、「すべての活動をお客様視点で見直す」ことを強調している。この当然とも言えるスタンスが「良いものを作っていれば必ず売れる」という、今から思えば独りよがりとも言える、かつての時代の経営のパラダイムを逆転させていることは重要である。さらに、第5章「日本IBMの経営革新とコーポレート・ガバナンス」においては、本林理郎氏（日本アイ・ビー・エム株式会社副会長）が、IBMにおけるハードウェアを中心としたビジネスから、「形に見えない商品」を中心としたビジネスへの変革という経営革新を紹介している。これらは、皆、市場の成熟、グローバリゼーションに直面して包括的に先を見通すことに他ならない。

次に、第Ⅱ部以下を見てみよう。繰り返すことになるが、今日の経営をめぐる環境は著しく変化した。

メインバンクや従業員のステークホルダーとしての地位は後退し、我が国では、ある種の規律づけ主体の「空白状況」が生じ、それがさまざまな企業不祥事を呼び起こしているようにも見える。

第6章「取締役会の機能とコーポレート・ガバナンス」において荻野博司氏（朝日新聞社論説委員）は、今日の企業経営の変化をコーポレート・ガバナンスの視点から語っている。その中で規律づけ主体としての監査役として、引退したすぐれた企業人に人材を求めるべきだという主張は興味深い。第7章の「中堅・中小企業とコーポレート・ガバナンス」では、木下博生氏（財団法人経済産業調査会理事長）が、中小企業とメインバンクの関係について語るとともに、中小企業ではオーナー経営者がコーポレート・ガバナンスの中心にあるとしている。第8章「企業統治における監査役の役割」において、高橋弘幸氏（日本監査役協会専務理事兼事務局長）は、日本の監査役制度の特殊性から説き起こして、委員会等設置会社モデルに言及し、最も標準的なコーポレート・ガバナンスの論究となっている。第9章「証券市場とコーポレート・ガバナンス」で下田卓志氏（株式会社東京証券取引所前常務取締役）は、間接金融から直接金融への変化とコーポレート・ガバナンスの変化に焦点をあてている。第10章の「日本企業の経営革新と商法改正」の永井和之教授（中央大学法学部）は、規正法とモデル法としての商法、コーポレート・ガバナンスの規正法的側面など含蓄のある議論を展開している。この章を読めば、もう一度他のすべての章を読み返したいという欲求に駆られるに違いない。最後に、第11章の「中国におけるコーポレート・ガバナンスの現状と改革」において、南開大学国際商学院の李維安教授は、中国の株式会社における国有株式会社の存在の大きさと、そのことがもたらすコーポレート・ガバナンス上の問題点に言及している。

このような充実した内容と、いかにも総合政策研究科らしく「各界の論者を横断的にそろえた、問題志向的な内容」を考えると、本書は本来、もっと早く、迅速に出版されるべきものだったかもしれない。しかし、大学における予算制度の関係から、出版のための予算執行が実際には二〇〇三年度の四月になり、その他の理由も含めて、出版は二〇〇四年にずれ込んでしまった。本書の出版を待ち望んでいた多数の聴講者たちにお詫びをしなければならないだろう。また、講演会では講演者として参加していた、中央大学大学院国際会計研究科の澤悦男教授、ニューヨーク証券取引所のJ・E・シャピーロ氏の講演はさまざまな理由で割愛せざるを得なかった。この点も聴講者の方々にお詫びしたい。

しかし、多少の紆余曲折があったにせよ、ここに出版を実現することができたことは、総合政策研究科と南甲倶楽部とのコラボレーションを強めていこうという楠見憲章氏、西藤輝氏という両客員教授らの中央大学南甲倶楽部のメンバーと当研究科の経営グループの熱意の表れであると言えるだろう。

出版に至るまでの過程においては、さまざまな人々の助力を受けた。多くの助言と好意を惜しまなかった横山彰総合政策研究科委員長、多くの煩雑な事務手続きを処理していただいた大学院事務課の河原卓巳さん、そして多くの大学院生、あるいは、元大学院生が積極的に原稿の整理に助力を提供してくれた。特にここで、北島啓嗣、長谷川稔、菅原昭義、葛永盛、大崎慎一、矢尾板俊平、そして中央経済社、林正愛さんには心からお礼を言いたい。また、最終稿が提出されてから誠意のこもった編集を引き受けいただいた柴崎郁子さんにも心から感謝したい。

平成一六年二月

中央大学総合政策研究科　経営グループ

目次

第Ⅰ部　経営革新に学ぶ

第4章　資生堂の経営革新とコーポレート・ガバナンス──企業価値を高める経営　池田守男

第5章　日本IBMの経営革新とコーポレート・ガバナンス──本林理郎

第Ⅱ部　コーポレート・ガバナンスに学ぶ

第6章　取締役会の機能とコーポレート・ガバナンス ―― 荻野博司

第7章　中堅・中小企業とコーポレート・ガバナンス ―― 木下博生

第8章　企業統治における監査役の役割――高橋弘幸

第9章　証券市場とコーポレート・ガバナンス――下田卓志

第I部

経営革新に学ぶ

第1章

セブン‐イレブンの創造的経営とコーポレート・ガバナンス

鈴木敏文

株式会社イトーヨーカ堂代表取締役会長兼CEO
株式会社セブン‐イレブン・ジャパン代表取締役会長兼CEO

鈴木です。セブン‐イレブンについて講演の依頼をいただきましたので参りました。

本日、会場にはセブン‐イレブンとお取引をいただいている企業の方とか、あるいは、一緒に創業したメンバーの顔も見えますので、ありのままを申し上げたいと思います。

1　現在のセブン‐イレブンの状況と規模

最初に、今のセブン‐イレブンの規模は、現在の店舗数が九、四八九店で、今年の夏には一万店を超えます。現在の出店エリアは三二都道府県で、まだ全都道府県に出店しているわけではありません。ですから、出店する・しないは別として、今後、一万店でも二万店でも店を出す余地というのは十分にあります。

二〇〇三年二月期で売上高は、二兆一、一四〇億という数字になっています。一店舗当たり、一日の平均の売上は六六万一、〇〇〇円、ここ数年少々低下しています。扱っている商品の単品の数は、創業した頃は三、〇〇〇のアイテムだったのですが、今は少しずつ商品の品数を絞り込み、二、五〇〇のアイテムになっています。また、店の商品在庫は、一店舗当たり五七〇万円。創業した時の一店舗の平均が一、五〇〇万円ありましたが、今では、五七〇万円まで在庫の圧縮ができています。

現在のセブン‐イレブンの従業員は、四、六〇〇人です。その他、店舗には、それぞれパートさんとして働いていただいている方、あるいは、お取引をしていただいているベンダーさんがいらっしゃいますので、この方々まで入れますと、約二〇万人規模になります。

専用の工場、デイリー部門、これが約二〇〇カ所あります。また、配送センターが約三〇〇カ所あります。我々がファースト・フード部門といっているデイリーの弁当・惣菜その他の商品の売上は六、四〇〇億です。例えば、マクドナルドさんは、発表されている数字を見ますと三、六〇〇億です。比較していただくと、いかに米飯や麺類などが多く売られているかということがおわかりいただけるのではないかと思います。

米飯は一六億食、ソフトドリンクですと一七億本で、小売業の中では圧倒的に販売数量が抜きんでているということになります。

今、セブン‐イレブンでは、公共料金やその他のお支払いが可能です。これは、東京電力さんとの取組が最初で、今は多くの企業と取組んでいます。このような「収納」業務をお手伝いしている会社の数が二九一社、そして扱っている件数で一億三、〇〇〇万件、年間一兆円を超しています。電気料金や、ガス料金などは、それぞれが少額ですが、合計すれば年間で一兆円を超しています。これが、今のセブン‐イレブンの規模です。

2　セブン‐イレブンの発想〜「共存共栄」

ところで、セブン‐イレブンというのをいったいなぜ始めたのかをお話ししたいと思います。「プロジェクトX」をご覧になった方は、あれがすべて事実のように思われますが、実態とは少し違います。当時は、スーパーが地方に出店するということになると、それぞれの商店街や地元から、大きな反対がございました。大規模店舗ができたら、商店街は全部ダメになるのだということを言われたわけです。

当時、私はイトーヨーカ堂の幹部の一人でした。まだ、若い会社で人材が不足していましたから、人事をやったり、広報をやったり、販売促進の仕事を兼ねたり、一人何役もやっておりました。そして、出店する場合はその地域の皆さんの所に「今度イトーヨーカ堂を出店させていただきますよ」ということで挨拶に伺ったりもしました。

そうすると、必ず反対されるわけです。「共存共栄でいきましょう」と言うと、「おまえ、大きいところが出てきて、小さいところが共存できるはずがないじゃないか」と言われる。その時に私は、少しでも共存できるお手本のようなものができないだろうかと考えていたわけです。

スーパーが生まれた当時は、需要が非常に旺盛な時代を迎えていました。そういう状況下では、従来型の商店街では、その旺盛な需要を吸収することができませんでした。そんな時にアメリカで発展しているスーパーという業態が紹介され、我が国でもスーパー時代が到来したわけです。その頃の仕事と言えば、大きな建物を建てて、問屋さんにお願いして商品を入れていただく。商品を入れていただいたら、それに合わせて人を採用する。簡単に言えば、それでも売れた時代でした。だから、最初の頃のスーパーというのは、スーッと出てパーッと消えるというようなことも、事実言われました。

日本のスーパーというのは、最近でこそ多少商品開発に取組み始めましたが、基本的には問屋さんから商品を仕入れれば成り立つ商売なのです。当時、流通業は、特にスーパーの経営者はアメリカへ積極的に見学に行っていました。私も会社から行けと言われましたので、何回も行っていました。日本のスーパーというのはアメリカから学んだと、スーパー業界の中の人たちもそう思っている方が多いのです。しかし、ここでその実態について申し上げますと、アメリカへ見学には行きましたが、アメリカからは何も学んではいないのです。アメリカのスーパーを研究しましたが、それをそのまま取り入れたわけではないのです。

このような事情でアメリカに行っている時に偶然、バスで移動している時に、セブン‐イレブンの店の前で止まったのです。ご存知のようにアメリカは広いですから、手洗いに行きたいという人がいて、「どこかにないか」と言ったら、「あそこの店にあるから」とバスを止めました。中へ入ってみたら、「なんだ、この店は」と、思ったわけです。日本流に言えば、雑貨屋とも食品店ともつかないような店。その時は、「こんな店がアメリカにもあるのか」と思っただけで終わったのです。

それから何カ月かして、アメリカのいろいろな文献を見ていたら、セブン‐イレブンの紹介を見つけました。その時、特にセブン‐イレブンを研究しようと思ったわけではありませんが、セブン‐イレブンは、食品小売業とすれば、アメリカで売上上位に入るチェーンであるという内容でした。当時アメリカでは、約四、〇〇〇店の店があったのです。これであれば（先ほど申し上げた）地元との「共存共栄」のお手本にできるのでは、と思ったことが、セブン‐イレブンを始めるきっかけでした。

3　サウスランド社との提携

アメリカ、ダラスのサウスランド社は、もともとは氷を取扱っている会社でした。ダラスは暑い所です。その会社が、氷だけでなく、雑貨とか飲料のようなものを一緒に置いて始めたのが、コンビニエンスストアです。これが、アメリカのセブン‐イレブンのルーツです。このセブン‐イレブンというのは、朝の七時から夜の一一時まで営業していることからセブン‐イレブンと名付けられました。その後、時代のニーズともマッチして、急速に発展してきたのです。

なぜ、アメリカでセブン‐イレブンが成長したかと言えば、アメリカの場合には、ご存知のように国土が非常に広いという環境があります。大型店、スーパーなどが出店しても、住宅の近くには小売店はほとんどないです。でも、やはり近くで何かを買えれば便利だということもある。まさに、近くて便利な店、という需要に応えることが、コンビニエンスストアのコンセプトだったわけです。

ですから、商品の品数も最初の頃は少なかった。私が最初にセブン‐イレブンに入った時に、雑貨や食品が少しある程度であって、それでもアメリカでは重宝がられて、それが伸びてきたわけです。そこに雑貨、飲料、ビール、たばこ、それに冷凍ハンバーガーを解凍して売るというようなことをやっていた。商品に特別な魅力がなくても収益を相当上げてきたというのが、アメリカのセブン‐イレブンなのです。

しかしながら、やはりこの会社がこれだけ伸びているということは何かがあるのだなと思いました。それは外部から見ても見えない。何か、システムがあるのではないか。やはりこれは提携して、勉強しなくてはいけないだろうと思いました。最初から提携するということを頭に置いて、サウスランド社と接触を始めたわけです。ところが、サウスランド社では、全然日本に興味をお持ちではなかった。

現在、当社にはデニーズというレストランチェーンがありますが、その時には、レストランの提携先も探していました。ライオンズとかデニーズとか、いろいろなレストランチェーンが西海岸にあります。私は部下と一緒に、どこと提携したらいいかリサーチしていた。こちらから提携させてくれというようなことを頼み込んでやったわけですから、これも相当時間がかかりました。結局私は、ロサンゼルスへ延べにすると三カ月か四カ月居たことになります。

サウスランド社に私と一緒に行っていた部下のアメリカでのエピソードですが、「日本ってどこにあるんだ」と言われたそうです。もちろんトップクラスの方々は、日本を知っていますが、一般層はご存知ありませんでした。これは本当の話なのです。そして、「あなたの会社は、何をやっているのですか」という質問に、「スーパーです」と答えると、「スーパーとコンビニはまったく関連がない」ということで断られてしまった。

これはどうしようもないという感触でした。そこに、たまたま、伊藤忠商事さんがダラスに支店を持っておられて、それならば伊藤忠商事さんにお願いしたらということで、交渉を始めました。結局、一年半か二年かはっきり覚えていませんが、大分時間がかかりましたが、提携できました。

一方、この提携に関してはイトーヨーカ堂自身でも大反対だったのです。そんなものを日本へ持ってきてどうするんだと。日本には商店街がある。商店街があるのに、そのような小さな店を持ってきてうまくいきっこないではないかと。中央大学の先生には聞きませんでしたが、大学の先生とかコンサルタントとか、いろいろな人に話を聞いても、みんなダメだと言うのです。いわゆるマーケティングの学者の先生たちはほとんどの人がアメリカを勉強してきているのですが、アメリカと日本は違うと言われました。だから、アメリカでは成功するけれども、日本でコンビニが成功するには最低もう一〇年必要だと。「なぜですか」と言ったら、一〇年経てば日本の小売業も相当淘汰されてスーパーの時代を迎える。そうなった時には、できるだろうけれども、それまではダメだというのです。判で押したように同じ答えが返ってきました。

でも、私は、街の小売りがうまくいかないのは、労働生産性の問題だと思っておりました。私は、当時人事をやっていたりもしましたから、そのような感覚が自分ではありました。この労働生産性を改善すれば、小さい店舗でも十分にやっていける。この観点からは、誰も反対はしてこないのです。それで社内を説得して提携するという運びとなったわけです。

4　ドメスティックということ

私は、最初の頃、サウスランド社のシステムをそのまま日本に持ってくれれば、それで大丈夫だというように思っていました。

提携が決定し、いよいよ研修に参加したわけですが、私は三日目に大ショックを受けたのです。小売業というのは、ドメスティックなものなのだ、ということを思い知らされました。つまり、サウスランド社のシステムをこのまま日本に持っていっても、どうしようもないということに気が付いたわけです。その時のショックは、今まで七〇年生きてきたうちで一番大きいものでした。社内の反対を押し切って、先頭に立って、「やろう、やろう」ということで提携したのですから。

その時のアメリカでの滞在期間中は、帰ってからどうしたらいいかというようなことばかり考えていました。あれこれ話をしながら、実は何も耳に入らない状態でした。

このような理由から、今ある日本のセブン‐イレブンのシステムというのは、ほんの一部だけ向こうのものを取り入れて、全部日本で作ったものなのです。

ただ、当時はまったく認知度もありませんから、アメリカの優秀なシステムを持ってきた、ということを売物にしていました。アメリカのものではダメだから自分たちが考えてやっているなどと言っても、誰にも見向きもしてもらえない。例えば、立地選定一つとってみても、日本とアメリカでは全然違うのです。品揃えでも、向こうで売っている冷凍のパサパサしているハンバーガーを店に置いても、味覚の繊細な日本人には売れないことは容易に想像できました。

今でこそコンビニエンスストアというと、弁当やおにぎりがあるのは当たり前です。しかし、その当時はおにぎり、弁当をやろうという提案をしたら、「そんなものが何で売れるんだ」と周りの者に笑われるのです。お弁当とおにぎりというのは、昔から日本の家庭で毎朝作っているものではないか、それを並べて誰が買うのだと。食堂とか仕出し屋さんをやっている人たちからも、「そんなもの絶対ダメだ」と言われました。

確かに、それを最初始めた頃は、一日に弁当が三食か四食売れたかどうかという状況でした。弁当を入れるケースも、旅館の部屋にあるような小さい金庫ぐらいのものを特注して作ってもらいましたが、それでも余裕があるぐらいの量しか売れなかったのです。今でこそ主力の商品になりましたが、弁当やおにぎりが最初から売れたわけでは、決してないのです。

また、コンビニというと雑誌を売っていますが、私どもセブン‐イレブンというのは、日本で最大の書店なのです。雑誌なども、最初は「そんなものは売れるはずがない」と言われました。書籍の取次であるトーハンに交渉に行っても難しいと言われました。当時トーハンの基準では、一カ月に五〇万円以上売れる書店だったら取引をする、しかし、五〇万円以下のところは、取引を全部やめるという方針が出ていました。当時のセブン‐イレブンでは、雑誌は、五〇万も売れないのです。当然、取引の対象にはならない。

実は、私は大学を卒業後、トーハンに入社し、その後、イトーヨーカ堂に入りました。トーハンを辞めた時には、なぜ辞めるんだというような大騒ぎをされたこともありますが、この雑誌の取扱いの件で助けてくれたのが、当時の同僚だったのです。彼らが気の毒がって、一生懸命になって応援してくれました。幹部も知っていたかもしれませんが、表に立って会社の方針に反することでしたから、見て見ぬ振りだったのかもしれません。私どもも前面に雑誌をディスプレイし、一生懸命売込みました。そうした積極的な努力の結果、少しずつ、着々と売上が伸びるようになったのです。

5　在庫の圧縮、合理化の意味

先ほども少し申し上げましたが、最初は一店の在庫が一、五〇〇万円もあったのです。一号店の最初の時の売上は確か一日当たり四〇万円足らずだったのですから、商品回転率は相当に悪い数字です。これでは商売にも絶対なりません。

当時は、「合理化」ということは、メーカーから見ての合理化なのです。例えば、ロットの問題です。缶詰で言うならば、ロットが一二個というのはまだいいほうで、二四個とか、さらには四八個という取引の単位も多い。メーカーからみると、それだけの量を一度に小売店に配送できれば、自分のところの効率がよくなります。けれども、一週間に、場合によったら一個しか売れないというような商品がある。それが大きなロット単位で納品されれば、その多くが余分な在庫になる。メーカーの「合理化」は、小売店にとって不合理でした。

もう一つ例を挙げます。牛乳にも、明治さんとか森永さんとか雪印さんとか農協さんとかさまざまなメーカーがあります。一店舗では、それぞれの銘柄がそんなに多く売れるわけではありませんが、メーカーさんは、自分の商品だけ売るのであれば配送すると言うのです。しかしお客さんはいくつかのメーカー商品があることによって、初めて選択の余地が出てくるわけです。それを、例えば森永さんなら森永さんだけの商品を置いても、これでは売れるはずがない。そのようなことを説明すると、今度は「うちの牛乳販売店があるから、そこから買ってきてほしい」と、このような話になる。それで、これではしようがないということで、牛乳なら牛乳を一台の車に、この地域は明治さんの車に森永さんも雪印さんも、あるいは農協さんも一緒に混載してほしいと言うと、「冗談じゃない。なんでライバルの牛乳をうちの車に載せなければならないんだ。君たちの言っていることはあまりにも非常識だ」と、こう言われてしまうわけです。でも、それを仲間は苦労して説得してやってきた。セブン‐イレブンという会社は、このような歴史を積み重ねています。

6　過去を壊せ～環境の違い

だから、私がここで申し上げたいことは、ビジネスの原則というのは過去にとらわれるな、過去を壊せということです。世の中は大きく変化し続けていきます。世の中が変化し続ける時に、従来がこうだとか、業界の慣行がこうだとかということを考えていたら、素早く対応できないでしょう。セブン‐イレブンを一緒に創ってきたメンバー、仲間は、小売業にほとんど経験のない人たちばかりでした。これが、今考えてみると、成功の大きな要因だったのです。全員素人だから、要するに理屈に合わないことは素直におかしいと考え、全部それを打ち破ってきたのです。

ところが、業界の人たちは、それは業界の常識だ、慣わしだと、このようなことをおっしゃる。デパートにしても、あるいはスーパーにしても、業界の慣わしでやっていけばみんな世の中の変化に対応できなくなることは、自明の理です。もの凄い勢いで変化していく世の中では、従来型のやり方は通用しないということです。先ほど私は、アメリカという国は、非常に硬直的だということを申し上げました。アメリカのメーカー、それから流通をよく見ればわかることです。我が国には、アメリカはもの凄く流通が進んでいるという錯覚を持っていらっしゃる方が多いのですが、確かに、物が不足しているマーケットであるならば、別な言い方をすれば、購買力が旺盛な時だったら、それはアメリカ型のプッシュ・システム、要するにメーカーから小売サイドに商品を送り込むという流通でいいわけです。そのような環境においては、アメリカのシステムは合理的です。ところが、日本の場合は明らかに異なります。世界の先進国の中で日本ぐらい消費が進んでいる国はありません。高度成長を経験した日本は、十数年前から、世界最高水準の裕福な消費生活を多くの人が送っているのです。

一方、アメリカというのはご存知のように、所得階層が非常に幅広い。所得の高い人たちは、日本の所得の高い階層よりもはるかに金持ちであり、裕福な生活をしています。だが、所得階層が低い人たちは、日本の低所得層よりはるかに低いところに位置しています。彼らはお金もモノも不足している環境にあります。多くの人はアメリカのほうがはるかに進んでいるという錯覚を持っているわけですが、そのイメージの根拠となるリッチな消費マーケットと安さが絶対的スタンダードとなっているマーケットが混在している構造なのです。それぞれの国によってのマーケットの違いを見なければ、何が合理的かということは定められません。

7　環境の変化ということ

アメリカのセブン‐イレブンの業績がなぜ悪くなったかという話をします。アメリカのセブン‐イレブンの店の数は、最盛期で八、〇〇〇店ありました。私どもが提携して、それから十数年の間に八、〇〇〇店のチェーンになったのです。八、〇〇〇店の規模になった会社がどうして経営状態が悪くなったかと言えば、一方で言えば、変化に取り残されたからであり、革新を怠ったからです。

一つの例で申し上げますと、アメリカのセブン‐イレブンでは、ハンバーガーは冷凍商品であり、店で解凍して売るというようなことをやっていました。ところが、ファーストフードチェーンというのがアメリカで次々と出てきました。そうすると、味の劣る解凍した商品を誰が買うのでしょうか？　作りたてのハンバーガーとか、あるいは、そのようなファーストフードがたくさん出てきたら、そちらを選ぶのは、当たり前です。これは、世の中の大きな変化です。

変化している時に、従来自分たちがやっていることを変えずにやっていたら、世の中の変化についていけないというのは当たり前です。あらゆる産業がそうなのです。なぜ倒産するのか、と言えばこのようなことなのです。アメリカのセブン - イレブンも不動産に手を出したとか、いわば多角化の失敗が苦戦の原因だということを言う人がいます。日本でも多いです。しかし、本業がきちっとしていれば、そんなに経営が悪化することはない。

ところが、多くは多角化という一面だけを見て、そちらのほうに資金を投入したから悪くなったとか、いろいろ言うわけです。私は、経営という視点から見た場合には違うと思います。やはり経営というのは、本業というものをきちっとやっていく。その本業が変化に対応しているかどうかが、問われるべきです。

これも一つのたとえになりますが、昔人力車というのがありました。昭和の初め頃だったら、各国鉄の駅に行ったら人力車が並んでいました。しかし、人力車が自動車に代わる時に、本業で人力車をやっていればいいというわけにはいきません。業種は違いますが、例えば「小売業」ならば、小売がなくなるということはないのです。全部が物々交換になるか、全部が自給自足の時代になるかといったら、そのようなことはないのです。そうすると、時代の変化に対して自分たちがどう変わっていけるかだけのことであって、世の中が変化するからダメになるという話ではないのです。世の中が変化するから、それにどう合わせることができるかという経営なのです。あらゆる経営について、私はそれが言えるだろうと思うのです。それが私の信念です。

8　監視されなくて駄目になるなら経営者失格

コーポレート・ガバナンスという言葉が一人歩きしているようです。

私が経団連の副会長の時に、コーポレート・ガバナンス委員会というのができました。どのようなことをやるのだろうと思ったら、監査役制度をきちっと設けようということでした。監査役制度を設けたら、それで健全なガバナンスが保てると信じている方がいるとすれば、これは経営に携わったことのない人の言うことです。あるいは、今のアメリカにおける経営のあり方というのは、社外重役の比率を高めることが望ましいと言われています。これも、実際に今、アメリカのセブン‐イレブンを経営している私の体験から考えると疑問です。社外役員の一人は、大きなコンピューター会社の経営を経験された方です。立派な経済人です。しかし、セブン‐イレブンのコンビニの経営について何かわかるかといったらわかりません。それは、ただ監視しているだけのことであって、監視されなければならないようなら、それは、もともと、経営者として価値がないと思うべきです。そもそも、経営者を監視する人間を入れればうまくいくなんていうのは、まったくおかしな話です。優れた経営、健全なガバナンスを培うのに必要なことは、社外の役員や監査役のチェックではなく、トップの倫理観そのものなのです。それ以外にはない。時代の大きな変化の中で、きちっとした倫理観を持たないとか、あるいは、従来型のやり方を全部踏襲するとかというのは、これはうまくいかなくなるのは当たり前なのです。アメリカのセブン‐イレブンの経営が悪化した一番の原因はと言えば、従来型のやり方をそのまま続けていたからです。

9　競争相手は同業ではない

かつて、アメリカには、セブン‐イレブン、サークルK、ナショナル・コンビニエンスという三大コンビニチェーンがありました。それが同じ年に全部倒産したのです。なぜか。競争相手は同業だと思っていたからなのです。競争相手は同業だと思うから、ライバルがこのような安売りをしたから、自分のところもやらざるを得ないと安売り競争に突入していった。本当に意識すべき相手は、例えば我々小売業で言うなら、お客さんなのです。同業でも何でもないのです。そうではないでしょうか？　誰もが勘違いしているのです。同業がなぜ競争相手になるのでしょうか。

例えば、自分がマーケットのすべて、あるいは、七割八割のシェアを取っていた状況下で、他の企業に侵食されるというのであればわかります。しかし、アメリカの世界のウォールマートですら、全米のシェアをどれだけ持っているかといったら知れたものです。意識すべきなのは同業だと思うのが、間違いです。重要なのはお客さんなのです。お客さんのニーズなのです。お客さんのニーズの変化というものを自分たちが汲み取って対応できれば、問題はないのです。

私は今でもグループ経営陣に対しそれを言い続けています。今、流通外資がたくさん日本へも入って来ています。グループ幹部を集めて私はこう言っているわけです。「いろいろな外資が入って来る。これは自由化の流れの中で当然ではないか。しかし、なぜそれに対して過剰な神経を使うんだ」と。現実に、店舗展開している流通外資は、今、日本に四社ぐらいありますが、私は一回も見に行ったことがありません。見に行って、経営が良くなるのだったら何回も行きます。でも、競争相手は同業ではなく、お客さんなのです。自分たちがお客さんのニーズをきちっと汲み取れているのであれば、なんら脅威ではないはずです。先ほど申し上げたアメリカのコンビニは、同業を意識しすぎました。お互いに安売り競争した挙句、一年間に三社つぶれたのです。アメリカのコンビニにとっての脅威は、お客さんのニーズの変化だったはずなのに、です。

10　価格競争について

変化というものに対して、どう対応できるか。先ほどから何回も申し上げていますが、経営の根幹はこれだけなのです。商売をやっていて、売れない時は安売りするというのが、昔からの一番安直な手段なのです。一番大変なことは、お客さんのニーズに応えた新しい付加価値を持った商品をどれだけ世に送り出せるかということなのです。それを怠って、安直な安売りに走れば、結果どうなるかといったら、すべてうまくいきません。

セブン‐イレブンの例で言いますと、例えば今、一八〇円とか二〇〇円のおにぎりを販売しています。それまでは、一〇〇円とか一一〇円、一二〇円、一三〇円ぐらいのおにぎりを販売していました。なぜこの高価格商品を開発したのかというと、当時コンビニの商品は高いという風評が出ていました。本当は高いか安いかわからない中で、マスコミなどを通して、お客さんは何となくそう思うわけです。私はそういうことから、セブン‐イレブンで一斉におにぎりを一〇〇円にしなさいと言ったら、担当者たちに「そんなことを言っても、利益が取れません」と言われました。「それでもやりなさい」と言ったのです。「これが仮に間違ったとしても、心配するな。それは僕の責任ですから」ということを言いました。そして、一〇〇円にさせたのです。そうしたら、最初の数カ月は売上が三割ぐらい伸びたのです。しかし、六カ月経ったら、数量的に元の木阿弥です。

今のお客さんのニーズを考えたら、安さだけではなく、商品の品質のいいものを出さなくてはいけない。おにぎりも、価格が高くてもそれに見合うだけの価値をもった商品を開発すべきだということを言い続けてきた。しかし、デフレ時代に高価格商品が受け入れられるかどうか、心配でできないのです。

では、新しい商品を開発するようにと言いましたら、現場は変わった商品を出してきました。若い人や学生さんはおわかりかもしれませんが、おにぎりの上にトッピングを付けた、見たところ珍しい商品を出してきた。これをいくらにするのだと聞いたら、九〇円だと言うのです。「何で？」と聞くと、一〇〇円で売れなくなったのだから、九〇円だと言いました。「君、それで利益は取れるのか。前に僕に一二〇円、一三〇円を一〇〇円にしたら利益が取れないと言ったじゃないか」と言ったら、三割売上が伸びれば、利益は取れますと言うわけです。「本当にそれだけ伸びるのか」と聞いたら、「それはやってみなければわからない」と。私は、その時に一二〇円にしなさいと言ったのです。そうしたら、現場は抵抗するわけです。それで私は妥協して、一一〇円に設定しました。一一〇円にしたら、それがよく売れたのです。それで、やっと少し周りの者がわかってきた。では、一五〇円のを作りなさいと言ったら、これもよく売れ、次に、二〇〇円の商品を開発しなさいと言ったら、二〇〇円の商品がトップの売れ筋商品になる。

ここで、考えてみてください。今、調査しますと、一般のサラリーマンなどの昼飯代がいくらなのかというと、大体五〇〇円以上なのです。その時に、おにぎり一個二〇〇円で、なぜ高いのでしょうか。お金が無くて買えないのかというとそうではない。これは、おにぎりだけの傾向ではありません。衣料品を例にとってみても、安くすれば売れるわけではないのです。

今、無意識のうちにお客さんは、新しさや質を求めているのです。だから、安いだけでは売れないのです。一〇〇円ショップのダイソーの社長と、我々は同窓ですが、よくお話をします。一〇〇円ショップというと安売りの典型のように思われがちですが、あれは安いから売れているのではなく、一種のファッションなのです。新しい商品をどれだけ提供し続けられるかということなのです。安くすれば売れるのではないのですから、大変な工夫をして、常に新しいものを出している。よく考えてみてください。一〇〇円ショップで売っているものを見たら、私などが見ても、これがどうして一〇〇円でできたかと思うような商品がたくさんあります。

でも、長い間同じ品物ばかりではない。同じ品物なら買い続けるかというとそうではない。何か新しい付加価値がなければ売れないのです。

今の日本は、不況と言われても家計に本当にお金が無いかというとそんなことはない。だから、安さだけでは、売れないのです。大変不謹慎な言い方に聞こえるかもしれませんが、失業率が高い低いでなぜ大騒ぎをするのだと思います？　実態のマーケットというものを見ていたらよくわかるのです。

11　今の日本について

先ほども私は、日本というのは、世界の中でも最高水準の消費の先進国だということを申し上げました。会社で言うならば、社長も新入社員も全部同じような店で同じようなものを買っている。こんな国は、日本しかないのです。そして、世界中で高校生がブランド品を持っている国なんていうのは、日本しかないです。

このように世界に類例のない特殊な消費社会を形成している日本で、なぜアメリカを無条件に礼賛し、手本にしなくてはならないのかと思います。アメリカがこうだから日本もこうなるはずだ、ではちょっとおかしいではないのでしょうか。もっと、やはり現実というものを我々は見なくてはいけない。

今、日本は不況と言われています。これは、今のようなぬるま湯的先送りを繰り返していたらダメです。思い切ったことをやらない限り経済なんていうのは回復しない。公共投資をやれば何とかなる、ということはありません。必要なことは、景気頼みではなく、自律自助の精神を持って、対応していく以外にないのではないでしょうか。別の言い方をすれば、変化を見極め、世の中のニーズに応えた商品やサービスを提供し続けることです。そうすれば、財布の紐が緩みます。

少し話があちこちに広がりましたが、これで終わりにさせていただきます。

（二〇〇三年二月四日）

聴取者の質問 Q&A 演者の回答

Q　全国から担当者を集めて会議を三〇年続けていらっしゃる。これは、とてつもないことだと思います。このことと企業の文化あるいはモチベーションとの関係をお尋ねしたい。

A　確かに、創業以来今日に至るまで、毎週店舗経営指導員（オペレーション・フィールド・カウンセラー→ＯＰＣ）を全国から集めているわけです。幹部は月曜日、一般のＯＰＣは火曜日に集まり、会議を行います。なぜそのようなことをやっているのかと言われますが、それは、大きく変化する環境に対応するためです。その変化は情報としてチェーン全体で共有しなければなりません。ところが、彼らにその情報を持て、と言ったところで、何もしなければ持てないのです。そうすると、私一人でなくて、他の幹部も含め社員全員で収集した情報を組織化し、彼らに与えることが必要になります。先ほど申し上げた情報の共有化ですね。共有化がなかったら、全体のベクトルを合わせることは、できません。組織としての行動にはなりません。そのような意味でこれを続けているわけです。

今、このような世の中だから、テレビ会議や他の方法もあるではないかとよく言われます。でも、今日もここに立たせていただいていると、何人かの方が面白くないなと思って話を聞いていらっしゃるとか、聞かれている方々のレスポンスがよくわかるのです。何百人という人を前にして話をしますと、ああ、今、自分が言っていることについて、こちらは重要だと思って話していても、まったく理解されていないと感じる時があります。その時は、何回も何回も理解されるまで繰り返し伝えるようにしています。言ってみれば、こうすることにより双方向のコミュニケーションへと繋がるわけです。このような意味からも、いかにコストが掛かろうと、実効性の見地から、ダイレクトコミュニケーションに優るものはないというのが私の信念で、それを実行していきたいということです。

このようなことで自分を引き締め、組織を引き締めていかないと続かないのではないか、と常々思っています。

第2章

日産自動車の経営革新とコーポレート・ガバナンス

楠美憲章

元日産自動車株式会社代表取締役副社長・中央大学客員教授

本日のお話は、日産自動車の事例です。

第一点は、日産が経営革新というものを、この数年どう考えてきて今日に至っているかということです。

第二点は、コーポレート・ガバナンスの視点からの議論ですが、今の日産ではまだコーポレート・ガバナンスを語るのは少しおこがましいかなと思っておりまして、今日は少し私見も入りますが、あえて、日産が今考えているコーポレート・ガバナンスとはどのようなものなのかということを引き出してみたいと思っています。

1　日産改革の出発点は「アライアンス戦略」

一九九八年当時、世界自動車産業は大きな変動を迎えていました。GMやトヨタを含む世界の自動車メーカーが、「やがて来る二一世紀をどのように迎えるか」ということを各社共通のテーマとして考えていた時期です。これは、どの会社も、当時のままの規模、力量でもって、二一世紀の世界自動車戦争を乗り越えていけるという自信がなかったということの裏返しです。

その理由は、①世界的な供給過剰からくるコスト競争を迫られていたということと、②燃料電池に象徴されるブレイクスルー的な技術開発を求められており、そのための多大な資金が必要とされていたという二点にあります。

そのような状況の中で、ベンツがクライスラーと電撃的な合併を発表しました。これは業界に大変なインパクトを与えました。なぜならば、ベンツほどのブランド力、技術力があって、量を競う必要はないところが、業界再編を仕掛けてきたわけです。

この合併が直接的なトリガーになって、その後、世界規模で自動車会社の合従連衡が始まりました。日産も埒《らち》外にありませんでした。具体的には、日産もフルライン・メーカーとして世界を相手にやっていくには、あの当時の規模では小さいということです。それに加えて、質的な面で、日産は当時非常に競争力を落としていたということもあります。具体的には、商品力、販売力ともに低落傾向に歯止めがかからないという状況が続いていました。ここから悪循環が始まっており、競争面で劣後になっていたのです。

さらには、財務的な面で金融ビッグバンの余波も受け、債務問題が取り上げられていました。当時は、格付け機関が猛威を振るっており、日産もターゲットにされ大変に困難な状況に追い込まれていました。

この状況をコーポレート・ガバナンスという観点から考えてみますと、ここまでパフォーマンスを落としていながら、日産にはコーポレート・ガバナンスが働いていなかったと言えます。

まず、当時は株の持ち合いを多く行っていたので、大株主というのはサイレント・マジョリティであり、株主総会で当時の我々経営執行部に対して、辞めろというようなことはありませんでした。

次に銀行も自分のところが大変で、日産のことまで構っていられるような状況になく、日産に対するチェックも働いていませんでした。また、組合にしても企業内組合の限界が顕著に見られ、経営へのフィードバックは極めて弱いものでした。

そこで、当時の経営陣はこの万死に値する責任を果たすため、過去の常識、前例というようなものにとらわれず、名を捨てて実を取る覚悟でやろうという決心をし、大改革を行うことになったのです。

2　戦略の大転換

そこで第一に行ったのは「敗因分析」でした。どのような分析であったかというと、まず、現象面で「販売がどうだった、海外事業がどうだった、財務がどうだったか」という点から始め、そこをさらに深掘りして、「なぜそのような現象、経営結果をもたらしたのか」というところまで詰めていきました。そこで得られた結論は、①マネジメントとしての意思決定力の弱さと、②意思決定をしたとしてもそれが実行段階で詰めが甘かった、という二点です。

まず、マネジメントとしての意思決定力が弱いというのは、甘いということです。本来、合理的でなければいけないものが、非常に情緒に流れていたということです。日本社会のいろいろな慣行、しがらみなどに縛られて、意思決定が鈍るとか、問題を先送りするとか、前例主義になるとかというようなことが多々ありました。

次に、意思決定のすべてが悪かったわけではなく、良い決定をしたとしても、それが実行段階できっちりとなされていたかどうかという問題があります。いろいろな計画を立て、それで実行し、達成できずに終わる。その際の詰めの部分で、責任を取ることも含めて、日産はそこが非常に甘かったということがありました。当然そのことは、人事の面でも反映されており、とりわけダイレクトに人事評価とならないこともありました。

意思決定が弱くて、実行力がまずいということは、マネジメントの力が弱い、ということに帰結します。問題は、これを踏まえたうえで、どうやってマネジメント力を強化していくかということになります。

そこで、日産では、当時検討していた海外メーカーとの戦略的な提携の中で何とか立ち直りのきっかけを見つけていこうと判断したわけです。

つまり、海外提携の中で、良い相手が見つかれば、この問題も量の問題も同時解決すると判断したわけです。

しかしながら、この時点においても、社内の意見を簡単にまとめることはできませんでした。当然ながら、海外との提携に対しての消極的な議論も存在しました。「たとえ、提携するとしても、経営の自主性を維持したい」とか、「資本参加率は二〇%が限度だ」とか、そのような議論がありました。しかし、「名を捨てて実を取るくらいの覚悟がなければ、大転換はできないのだ」という考えに辿りつきました。そのためには、「本当にいいマネジメントの外資と組んで、そこにマネジメントも全部合わせ、指揮を執る人も日産の人でなくてもいいではないか」という判断をして、この国際提携交渉に取りかかったのでした。

3　国際提携交渉

国際提携交渉を始めるに当たり、「二つのことだけは死守しよう、それ以外のことはこだわらない」と決心をした。それは、「雇用」と「ブランド」の二点です。

まず、雇用ですが、あの時点で日産が事実上のレイオフということに走っていれば、おそらく日本の大企業は雪崩を打って、雇用条件を変えていったでしょう。そこで、雇用を死守しようということになったのです。

もう一点は、日産ブランドを守るということでした。これは、やはり「日産の車がいい」という人が、当時でも世界中にたくさんいたわけで、その気持には報いたいということでした。翻って考えてみれば、「お客様が我々企業に期待するのは、その企業が提供している商品だけ」「従業員がその企業に期待しているのは、職場、つまり賃金を得るワーク・プレースだけ」ということです。したがって、「その企業の資本構成がどうか、役員の顔ぶれがどうかということは二義的なことである」、という考え方をしたわけです。

そのような基本スタンスの下、他には何もこだわらないということで、提携交渉に入りました。日産が実際に交渉の相手をしたのは、ドイツのベンツ、アメリカのフォード、フランスのルノーでした。そして、一九九九年の三月にルノーとの提携を決めることとなります。

「なぜルノーか」といいますと、いろいろありますが、導入できるマネジメントという点で、ルノーが、ゴーンという人の存在を含めて、最もふさわしかったということです。

4　日産リバイバル・プラン

しかし、このアライアンスを組んだこと自体が、何も企業の復活成功を約束してくれるわけではありません。それならば、どうやって日産のマネジメント改革に取り組んでいったかということを、次にお話をしようと思います。

ここから、カルロス・ゴーンが登場してくるわけです。

最初にやりましたのが、「日産リバイバル・プラン」です。これに三カ年計画ということで取り組んだわけです。

これを発表しました当時は、日本産業史上空前の大リストラ計画ということでマスコミ、識者の見方は、非常に否定的でした。

その証拠に、株が下がってしまいました。あの当時はリストラを発表すると株が上がるというのが常識だったわけですが、日産は大幅に下げました。「無理だ」とか、「ゴーンのやり方も間違っている。やはり日本を知らない」と言われたのです。しかし、私どもはもっとまじめで、もっと成算があって、実はこれに取り組んだのです。

と言いますのは、ゴーンが自分でリストラ案を全部出したようなイメージになっていますが、これはそうではなくて、彼はこのプランをまとめる過程で、「答えは社内にある」ということを、言っていました。ということは、「みんな知恵を出せ」ということなのです。こうして集めたものが、日産リバイバル・プランだと考えてもらってもいいと思います。

この時も、ゴーンが社内を鼓舞するために言った言葉があります。それは「計画の策定というのは全体の五%にすぎない。残りの九五%は実行にある」という言葉です。そのようなことで、全員死にものぐるいで取り組んできたわけです。

ここで、ゴーンの手法というのをご紹介しておきます。いくつもありますが、二つだけ申し上げます。一つは有名になりましたが、「コミットメント」です。もう一つは「アカウンタビリティー」という言葉です。これはどちらもコーポレート・ガバナンスの議論にも関係してきます。

ゴーンはリバイバル・プランを発表しました時に、経営指標、とりわけ営業利益で、一年目はどうする、二年目はどうする、三年後にはここまでいくということを、対外的にコミットしてしまったわけです。これは、あらゆるステーク・ホルダーズに対する彼の約束です。

その時、マスコミその他に「ゴーンさん、失敗したらどうするのか」と問われて、「失敗したら辞める」と彼は言いました。当時の日本企業の中で、トップがあそこまで言うというのは珍しかった。これで社内に対しても、ゴーンさんは真剣だという思いが伝わりました。リバイバル・プランというものは全部社員に小分けにしてあるわけですから、それを社員が一人ひとり、自分の持ち分をきっちり果たせば、ゴーンが世間に約束したことは自ずから達成されるという関係です。その思いだけで、「とにかくみんなやろう」ということで取り組んだということが言えるかと思います。

その結果がどうかというのが、実は「アカウンタビリティー」という言葉です。一般的な経営用語では、アカウンタビリティーというのは「説明責任」ということになっていますが、日産ルノー・グループでは、どちらかというと「結果責任」という意味合いで使っています。ですから、「結果を出して何ぼのもの」ということです。約束はちゃんと結果を出して初めて終わるということです。

全員が頑張った結果、三年間の計画が二年で達成できたということです。この内容は端的に述べますと、コスト・カッティングを中心にして「守りのリストラ」です。これはあまり楽しいわけはないのでして、二年で切り上げて、今年の四月からは第二弾の成長プランすなわち「攻めのリストラ」に入ったというのが今の日産です。

今日現在、どのような状況かと申しますと、初年度は順調に行っているということです。

ここで、業績の回復がもたらした意味合いを考えてみたいわけです。まず、広義でのステーク・ホルダーズからの評価が著しく上がったということです。市場の日産に対する信頼も大きく回復しました。

それと裏腹ですが、社内の空気も変わりました。これも社員一人ひとりがやはり自信を取り戻したということでして、一体感や信頼感というものが生まれました。

業績が回復してきますと、一段と業務の効率を良くしようということが自然と働いてきます。業績回復とマネジメント改善というものが、相互に刺激し合って、良い方向に今動いていっているということが言えます。

5　マネジメント・システムの改革

次に、マネジメント・システムの改革についてですが、「組織・制度のモデルチェンジ」と、「価値観の転換」について紹介します。実は、ここにこそ日産改革のコアの部分があるのではないかと思っています。

マネジメント・システムの改革ではいろいろな制度、新しい仕掛けを作っていきました。先ほど述べましたリバイバル・プランでは、ともかく合理化活動、リストラ活動でしたが、こちらはもう少しソフトな仕掛けを作っていったということになります。

例えば、人事制度も大きく変えました。日産はあの当時でも、他社に負けないぐらい、能力主義ではありました。ただ、「能力主義イコール成果実績主義」ではなかった。今日では完全に、実績主義にしているということです。

次に人事制度の改革と合わせ技で、「権限委譲」を大幅にやっています。皆さんの感覚からすると、ゴーンが全権を握って、一人で決めているのではないかと思われるかもしれませんが、そうではない。彼はどんどん下ろす。

この責任と権限とを持たされて、仕事のコミットをする。そして一年後に実績を出す。それが個々人の評価につながる。評価というのは、プロモーションもあれば、ペイのこともあるわけですが、これが一つの連鎖になっているわけです。

次に、仕事をするうえでの「価値観の転換」についてですが、かつては日産は、物事を決めるのにコンセンサス主義だったわけです。これが今は、コミットメントということを軸にしていますから、全体から個人へとシフトしています。責任体制も、昔は何となく連帯責任だったのが、今、全部個別責任ということになっています。つまり、どの仕事は誰が提案して、誰がコミットしているのかというのが全部明確になっています。ここが変わったところです。

また、慣習とか前例とかというような物差しが、今は明確に決めた新しいルールに置きかわっています。これもかつての日産の反省に立ってやっている。

いずれにしましても、このルール・ベースを貫くものとして、公平感がなければいけない。加えて、このようなものは全部透明性がなければいけない。作られたルールが、一部の人しか知らないということでは具合が悪いわけですから、全員承知のうえで、やっています。

コミットメントで仕事をするというようなことから、「緊張感」、「規律」というものが生まれてきているというように思います。これが日産の新しいエトスになりつつあるのではないかと思っています。

これはある意味で今、日産が構築しつつありますマネジメント・スタイルの下敷きになっているものです。

6　日産にみるコーポレート・ガバナンス

冒頭申し上げたように、日産のコーポレート・ガバナンスはかくあるものだと、はっきりとした形でまだ提示できません。ただ、私どもは「仕事をきっちりできるようになる過程で生まれてくるコーポレート・ガバナンスでなければ、形のためのコーポレート・ガバナンスにすぎないのではないか」ということがあり、満を持しているというフェーズにありますが、今日は、私見を交えて、あえて少し引き出してみたいと思います。

コーポレート・ガバナンスを議論します時の一般的な論点は、①ステークホルダーズとの関係、②コンプライアンスとの関係、③コーポレート・ガバナンスの「かたち」と「機能」という三つの論点があると思います。

まずは、「ステーク・ホルダーズを個々にどう考えるのか」ということです。まずお客様に対しては、私は今日ここで、「バリュー・フォー・マネー」ということを申し上げたい。買っていただくお客様に「自分が払っただけの価値があるね」と満足してもらうということが、物差しだと思っています。この一年ほどを見てみますと、販売もかなり立ち直ってきています。最大の要因はここにあるのではないかと思います。もちろん、商品が良くなった、デザインが良くなったということが、その背景にはあるわけですが、最後はお客様が納得して買ってくれるかどうかという一点にかかっているわけですから。

次は、従業員との関係です。これは本日申し上げてきましたように、仕事の成果とリンクした賃金という形になっていて、ストック・オプションを今、部課長まで広げています。関係会社の役員も対象になっています。これ自体の良し悪しもありますが、インセンティブ型の賃金という手法も取り入れているということです。

また、株主というステーク・ホルダーに対してですが、これはやはり直接金融の時代になっていますので、以前より重視しているということです。株主の中にも、インカム・ゲイン派とキャピタル・ゲイン派とおられるわけですが、できるだけインカム・ゲインの株主を増やしたいと考えております。先週ゴーンが、配当を三倍に増やすということを宣言しています。それによって日産株を長期に持ってもらう、本当の意味での株主になってもらおうということです。以上がステーク・ホルダーにかかわる私どもの基本的なアプローチです。

コンプライアンスとの関係というのも、これまたよく議論されるテーマですが、これは格別変わったことはありません。コンプライアンスとエシックスというのは、コーポレート・ガバナンスの一部だというように考えています。言い換えれば、絶対必要条件であり、ここを踏み外してコーポレート・ガバナンスはないというように思っています。

ただし、これだけでコーポレート・ガバナンスがすべてだとも思っていません。やはり企業としての業績、結果、効率といったものが、コーポレート・ガバナンスのむしろ十分条件の部分に当たるのではないだろうかととらえています。

なぜこう思うかというのは、かつて日産が調子が悪かった時期でも、コンプライアンスやエシックスでは、決して見劣りはしていませんでした。むしろ他社よりも先鞭をつけていたものもあります。例えばＩＲ活動などというのは、最も早く海外アナリストとの関係を始めています。それから、総会屋との断絶というのも、トヨタ、日産が日本の企業の中で一番先にやりました。そのような意味で、コンプライアンスがらみ、倫理がらみで言うと、あの当時でも見劣りはしていなかったと申し上げられますが、それだけでは如何《いかん》ともしがたいというのが私どもの実感です。やはりパフォーマンスが良くなければ、何をやってもだめという感じです。

最後に、コーポレート・ガバナンスの「かたち」と「機能」ということです。これも、形だけ整えるとか、今はやりだからやるというようなことは、ほとんど意味がありません。もっというと、経営者として、会社としては、それは無責任なことだろうと思っています。

また、私の持論ですが、会社によって、コーポレート・ガバナンスの形もいろいろ変わるのではないでしょうか。私どものような、一般大衆をお客様にしている企業と、例えば電力のような設備投資型の企業とでは、自ずと違ってくるわけです。また、ハイテク企業では、従業員との関係が重要となってくるのです。

「日本型コーポレート・ガバナンスの確立」という議論がありますが、私はあまり与しません。コーポレート・ガバナンスというのは、企業ごとに違うのではないかと考えるからです。そのような意味で言うと、「形よりは機能、そして機能より結果」だということです。結果を伴わないコーポレート・ガバナンスは画竜点睛を欠くというのが私の思いです。

もう一点は、社外との関係でいう「透明性」です。そこにもう一つ付け加えたいのは、社内での「規律づけ」、「緊張関係」というのが必要なのだろうということです。これも日産がこの数年経験して感じていることです。

（二〇〇二年一〇月二九日）

第3章

ヤマト運輸の経営革新とコーポレート・ガバナンス

宮内宏二

ヤマト運輸株式会社前代表取締役会長

ヤマト運輸前会長・社長の宮内です。今回は、ヤマト運輸の事例と、私が現実にやってきましたいろいろな事柄についてお話を申し上げ、その中で何か参考になればと思っています。

運輸業界という業種の中での話ですが、流通関係にも若干関連があろうかと思います。よく友人から「君、ヤマト運輸に、いつ入ったんだよ」とか、「宅急便でだいぶ当てたなあ」などということを言われます。一般的には、ヤマト運輸は宅急便が始まってからできたように思われているようですが、それ以前からちゃんと運輸会社として営業しているわけで、創業から八〇年の歴史をもつ会社です。

1　ヤマト運輸の経営革新

最初のレジメに「時代の流れ」をあげましたが、経営者にとって一番大切なことは、時代の流れをどうつかむかということです。時代に乗り遅れた場合は、もう惨憺たる悲劇が待っていると思います。

私が入社した時は、営業車は五〇〇台ぐらいでしたでしょうか。当時は関東一円にヤマト便というネットワークを持つ運送会社でした。積み合わせ事業を日本で初めて開発した会社です。それまでは、トラック一台いくらというような商売しか気がつかなかったわけです。目的に合わせて荷物を集め、同一方向に積み合わせて持っていくことで、飛躍的に伸びました。トラック輸送にとっては大革命です。そこで築いたのが関東一円のネットワークで、私が入社した時は、東証一部に上場していましたし、安泰だろうと思っていました。

ただ、営業をしても、もう関東一円ではだめで、大阪とか仙台、あるいはもっと先の長距離輸送が必要だと感じていました。その辺からどんどん東京に上がってくる時代に、当社の方針はトラックは一〇〇キロ以内、それ以上については鉄道を使えばいいというのです。商売がやりづらいから大阪線に早く進出したい、仙台以北に進出したいという意見を出しても、「箱根の山は越えるべからず」、が先代社長の方針でした。確かに、道路もデコボコでしたので、箱根の山を越す頃にはスプリングが折れたり、車両の性能が、機能的にも非常に脆弱なもので、運送業を大正八年（一九一九年）からやっているわけですから、古いイメージが頭にこびりついているのですね。

ところが、新しい業者は長距離線でどんどん東京に向かってくるということで、営業開発をしてきたわけです。そのまま進んでいればまだヤマト運輸も何とかなったのですが、高速道路がいっぺんに開通したので、一瞬にして時間・距離が縮まりました。東京―大阪間が、名神だけでは一三時間ぐらい、それから東名ができればもう半分、八時間ぐらいで着いてしまうわけです。

こうなると商売上、ヤマト運輸は営業的には昔の関東の雄として、売上も何もトップだったのですが、いくら頑張っても、長距離線の業者の方が、売上も利益もどんどん上げてきます。こちらは対抗するには金がない、運送業というのは、重量×距離＝運賃ですから、距離を走らないと営業成績が上がらないわけです。それで、テリトリーをいくら荷主さんに申し上げても、「おまえのところは関東一円でいいんだよ。新しいのはこちらを使うから」ということで、大阪へ出てもほとんど荷物は取れないのです。まとまった安いものしかない状況でした。

そこでさらに打撃だったのは、昭和四八年（一九七三年）・四九年の第一次オイルショック、昭和五四年（一九七九年）の第二次オイルショックで、運ぶ荷物が激減したことです。そうなると、近距離では稼ぎが上がらない、そのうえ荷物もないのですから、経営が行き詰まるということになります。したがって、社員五、〇〇〇名のうち一、〇〇〇名を整理しました。今でもそうですが、リストラは非常に苦しいですね。のるかそるか、このままいったらジリ貧であり、業界トップの座から、オイルショックの時は第五位になりました。業界でもあまり話題にも出ない会社になってしまったわけです。

そこで、商流貨物に全力を挙げても、もう出遅れということがはっきりしていましたので、何か別の新しい運送業を考えないといけないということになりました。したがって、皆さんが一番嫌がった宅配の分野をやってみよう、これなら誰も手を染めないだろうということでした。その時、それに類する荷物として見えていたのは、五、〇〇〇億円ぐらいの市場を持っている鉄道小荷物・郵便小包です。ここに果敢に挑戦して、せめて半分の二、五〇〇億円ぐらい取れば、ヤマト運輸も食っていけるのではないかということで、宅急便を始めたわけです。

今日のテーマで言いますと、経営革新ということですが、まったくの経営革新で一からやろうということです。どのようなことかと言いますと、私が非常に幸いしたと思うのは、宅配に目をつけたということが、皆さんが嫌がっている荷物である、「不」のつく「もの」の取り扱いです。つまり不特定、不定形、不定期の荷物です。その反対が全部、商流として取り扱いのいい荷物なのです。その「不」のつく荷物はもう誰もやらない、手数がかかって、コスト高で利益が出ない、これが業界の常識でした。それをあえてやろうというわけです。そこでそのような宅配の分野に目をつけたことは、いわゆる生活者の輸送に手を染めようということです。

私も五一年に宅急便を始めた時には、気がつかず一生懸命やっていましたが、常務、専務となってだんだん気づいたのは、どうやら社会の流れ、世間の流れが、かつてしのぎを削って負けた長距離路線的な生産者志向型の社会から消費者志向に変わりつつあるということです。スーパーとか大量販売店で、何でも安く仕入れればどんどん売れる時代があったのですが、消費者志向に変わってくる。さらに、それを卒業して、今度は生活者指向型の社会になってくるということです。現在はもっと成熟していますが、昭和六〇年前後ですと、ようやく生活者志向に入ってきた頃です。生活者志向というのは、いいものが安くても買わないのです。もう満ち足りているので、非常に感性に合ったもの、自分にピンと響くようなものとか、趣味・嗜好とかで物を買うというようにどんどん進化してきました。私が社長になってから非常にうれしかったのは、今まで時代の流れに乗り遅れた会社が、時代の流れに沿ってうまく頑張れば、いい会社になるということです。お蔭様で、代表専務から会長までの一〇年間は、増収増益で、一回もへこんだことはありません。そういう時流に乗ったといいますか、乗せることが、経営者として一番気をつけなければいけない問題点です。

生産者志向の時の物流というのは、工場の近い所にある川上物流で、非常に大口志向のものです。大きくまとまった物、ロット物や、定形、定期、特定というように決まった荷物です。また、相手はプロの荷主ですから、非常に話もしやすいし、うまく行きます。拠点は集約拠点、車両は大型というように、物流のパターンがちゃんと決まるわけです。

それでは、生活者志向となったらどうかと言いますと、今度はその逆で、物流は川下のほうにどんどん進み、荷物は小さくバラバラで、個数口も少なくなります。それから先ほど言いましたように、不定期、不特定、不定形という、まったく形の定まらない物を運ぶのにはどうしたらいいのかということです。お客さんは全部、プロではなく、家庭の主婦とか、運送についてはまったく知らないアマチュアの方々です。こうなると、一般家庭の荷物は商流と違いますから、多店舗化して身近な住宅地に店舗を作らなければならないということになります。それに、物は小形、車両は小型が中心になるので、そのようなシフトをどうするかということです。

2 ヤマト運輸の経営戦略

私どもの会社は、曲がりなりにも、小さいなりにも生産者指向型でしたから、それまではやはり商流を狙って商売をやってきたのですが、ガラリと一八〇度変えて、生活者志向型の荷物を中心に商売しようということになると、今言った条件を一から作っていかなければならないわけです。当社の経営戦略の一つはネットワークの構築ということ、あまねく日本全国の家庭から吸い上げるネットワークを作らなければなりませんでしたので、この構築には大変苦労しました。

以前の商流時代は「点のサービス」でしたので、流通団地とかそのような所の近くに物流ターミナルを作れば、荷物は自然に集まってきました。今度は「面のサービス」になりますので、一つひとつ「面のサービス」ができるネットワークを作らなければなりません。これは気の遠くなるような、投資と、物的なネットワーク作りに集中していかなければいけないわけです。営業所も何もないのですから、どのように作っていったらいいかということです。

五一年に全社を挙げてプロジェクトを作り、まず一生懸命ネットワークの構築を進めました。何店作ればいいのかということで、いろいろとやりました。物理的には、三〇分以内に集配車が出入りできる範疇というのは、全国を物理的に線引きしますと、大体一、二〇〇カ所あれば行くことができます。山の奥や富士山の上などは無理ですが、一般的に人が住んでいる地域をブロックとしますと大体一、二〇〇カ所、したがって「一、二〇〇作るんだぞ！」ということになったわけです。

昭和五一年でしたか、よく調べてみますと、郵便局とか警察署が、はからずも一、二〇〇カ所なのです。一〇〇年の歴史のある公的な先輩企業が、自然、必要性に応じて作ってきたカ所が「一、二〇〇」でしたので、これはいい参考になるということで、早く「一、二〇〇」を作ろうと始まったわけです。全国一、二〇〇カ所で可能ですが、都市部のように大変密集しているところには三〇分で行くことは難しく、地域によって偏りがあります。では二、〇〇〇カ所にすれば何とかお客様のニーズに応えることができるだろうかと考えました。究極的にはどんどん数を増やして個々のテリトリーを小さくし、その間のスピーディなサービス体制を作れば、同業者は絶対にできないことになるわけです。我が社は二五年かかっているので、それだけ先行していると思います。

ネットワークというのは、営業所を作り、それを集約する大型ターミナル基地がないと輸送ができませんので、そこへ集約します。一、二〇〇カ所といいますと、人口一〇万人に一店になります。ターミナルは大体人口二〇〇万人に一店となります。一ターミナル当たり二〇店舗を持てば、二〇〇万人口に一つの大きなスペースが必要です。それを全国でやりますと、ターミナルを大体六〇カ所ぐらい作ればいいわけです。これは大型スペースですから、約五、〇〇〇～六、〇〇〇坪の敷地を要するターミナルになります。そして夜の基地となるわけです。これだけのものを早急に作らないと商売にならないわけですから、もう大変でした。

もう一つは、我々運送業というのは免許事業ですので、ターミナルを作ったから勝手に走るというわけにはいきません。運輸省（現国土交通省）の免許をいただかないと車が営業できないのです。免許事業ですので、これについては相当苦労しました。規制緩和で一番先に声を上げたのが我々の会社でしたが、申請をしても全然免許が下りないということが何年も続きました。

我が社が一番困っていた、東北三県での免許の進め方について話しますと、免許申請をして数年たち、運輸大臣宛に行政不服の申請をしました。これは運輸大臣が、「こんなものが出ているけどどうだ」と聞けば、「需給のバランスはもう足りているから、こんなものはいらないと判断した」と言えば没になってしまい、実態を見ないでつぶしていくということです。したがって、行政不服ではだめなので、運輸大臣を被告に我々が原告になって、行政事件訴訟に基づき地方裁判所に出すことにしました。これはかなりインパクトがありました。運輸大臣を引っ張り出すわけにはいかないから局長が出るというので一生懸命勉強などをしていましたが、とても説明できない。それならば免許を下ろしてしまったほうが早いのではないかと、東北三県の免許は五年かかって下りました。それからその手を利用しますと、九州の一〇号線とか一三号線は同じパターンですぐに下りました。

あとは、「買収しなさい」とか、「既存の業者と仲良く連携して、連絡運輸をやりなさい」という指導なのです。我々は小口の細かいネットワークをやろうとしているわけで、大口のものと連絡協定を結んでも何の役にも立ちません。それをいくら説明しても運輸省はわからず、運輸形態もわからない。もう時代に遅れているわけです。

そのようなことで、ずいぶん行政を非難し、我々も痛めつけられまして、最初の一五年ぐらいは免許問題で奔走したわけです。その後、路線網が完成した頃、規制緩和、規制の撤廃が行われ、道路運送法も新法に変わり、我々のやってきたことが大変簡単にできるようになりました。時代がそのようになったのですが、一〇年早ければもっと早く我々の商売も進んでいたわけで、非常に残念なことでした。

したがって、私は二、〇〇〇店舗で終わりましたが、次の社長は五、〇〇〇店舗ぐらいにしようということです。現在は三、一一四店ですが、これはサテライト営業所をどんどん増やしているのです。ということは、都心あるいは都市部では車を持たない営業所で、荷扱いだけの営業所で充分なのです。

現実に都会地ではドライバーが実際に車を動かすのは、東京では一日四㎞です。あとはいろいろと人が走って集配をしていますが、これが一〇〜一五㎞なので、実際は車より人間のほうが三倍も走っているのです。そのような状況ですから、何も車庫付きの営業所など必要なく、物だけが置けて、人がそれを持って集配すればいいわけです。例えば、銀座八丁目に私の時は営業車は二四台でした。八丁目をカバーする当社の集配車は一丁目ごとに三台入っていることになります。これで朝から晩までそこをドライバーが走っているのですから、タテモチといって、ビルの一〇階までくまなく、なめるように渉外をやっているのです。

我々は時間のギリギリまで粘っていますので、顧客の掘り起こしには極端に力をつけているわけです。時間帯お届けなどという二時間刻みのサービスなどは、これらを細かくしているからこそできるのであって、営業所と車の少ない大口の荷物を扱っている業者では間に合いません。拠点のターミナルから集荷に来るなどということをやっていては、二時間はかかります。大体は江東区などの離れた所から来るものですから、なかなか取りきれないし、それではもう勝負になりません。我々のネットワーク作りも、やっと完成しつつあります。

次はシステム産業としての技術開発についてです。営業所などネットワークはできましたが、それに関わるシステム的な技術開発をする必要があります。これは非常に厄介な話ですが、例えば荷物を発送して、その荷物が途中どこへ行っているのか、着いているのかどうかなど、到着までの問い合わせが非常に多いのです。物理的に追跡しろと言っても、何千個の中の一個を探すわけですから、簡単にできるわけではありません。それで、「時が解決しますよ」ということで放っておくと、「着いたよ」ということになります。探して返事をする労力などには、とても耐えられるものではありません。お客様からの、「配送を引き受けたのに、まだお前のところではどこにあるのかわからないのか」というようなお叱りの電話に営業・女性軍が泣きながら応対しますが、各作業所のほうは、もう物理的に無理なのです。私も都心の支店長をやっておりましたが、大阪のほうから探してくれと言われても、ホームに出て荷物を見ると何百個とあるのですから、それを探し出すのは、困難です。

このようなものは、やはりシステム産業として構築しなければいけないということです。どのようなことをしたのかと言いますと、まず伝票番号をキーにして、発送の時にコンピューターに登録します。それで荷物が次に下りたとか中継をしたという時に伝票をはがして保管し、その伝票をスキャンするわけです。そこを通過したことがコンピューターからすぐホストに入り、その経過は全部末端に到着するまで行われ、配達完了となります。お客様から問い合わせがあると伝票番号を教えてもらい、入力すると、ホストからそこへ配達完了をしたのか、そのインベントリーが三〇秒で全部出て、今どこにあるのか、どこを通過しているのかがわかるわけです。このようなシステム産業としての技術を開発して、女性軍もずいぶん安心して勤務できる態勢が整いました。

従来の運送屋というのは、荷物を積んだトラックの運転手が伝票を持っています。それで下ろす時にそれと突き合わせて、これで荷物を下ろしたのか、下ろさなかったのかをチェックしています。私らのほうは翌日配達で、お客さんにそれで売っているわけですから、このようなことをやっていては時間がかかりましてとても翌日配達はできません。三カ所中継の荷物は三日ぐらいかかるわけです。

それを、伝票を荷物に張る「ハリ伝」にして運転手は伝票を持たない方法をとることで、元の発送の時だけは事務所でホストに入力してありますから、これが「元」になります。ドライバーが取れば不明になり、そのようなことは直ぐにわかるようになっています。誰がどのように積んだかということは運転手も全部わかりますから、盗難防止にもなっています。

かつては運転手が荷物を一つひとつ直接車に積んでいましたが、これを行き先別にキャスターの着いたボックスに積み、それを車に積む、このやり方の欠陥の一つに積載効率がありました。キャスターの部分、天井の部分に若干のロスがあるのです。満杯になっても七五％ぐらいの積載量になるわけです。それよりも取り下ろしの時間を早くして、スピーディーに翌日配達に間に合わせたほうがいい。これがロールボックス方式で、従来の一般の運送とは全然違う革命的なシステムなのです。

もう一つは、集荷指令というものがあります。「集荷をお願いします」という注文の多くは企業のお客さんから、毎日毎日くるわけです。それを営業所のほうに電話を登録していただいて、電話番号を言えば、そこに荷主さんの住所・氏名などの表示が出るわけです。これに「何個ですか」と個数だけを入れれば、集荷のお願いがもうそこにできる仕組です。その注文を車に無線で「どこへ行きなさい」と指示していたのですが、これをコンピューターと連動し、ＭＣＡ無線を使いまして、受けて五分間隔で車のほうに印字ができるようにしました。したがって、運転手が車から離れても、自動的に打たれるわけですので、ぐるぐる回って車に帰ってきても、今度はどこへ行けばいいという指示が出ています。これは当時として、私は「革命的なシステムを作ったな」と自信をもって進めました。

このシステムは、電話をし、受けて、「何個ですね」、それからは自動的に五分間隔で車に情報が飛んで行きますので、車に帰ってきてそれを見れば、空いていればすぐに行けるわけですから、ずいぶん集荷が速いということになります。このようなことをシステム産業の技術開発として言いたかったのです。

このようにあらゆる分野でプロジェクトを作りました。包装資材とは何か、これは私が現場にいる時に、プロジェクトを一〇ぐらい組み、いろいろな運送資材やシステムを構築したわけで、当時は非常に脚光を浴びました。

ＭＣＡ無線の集荷指令は、最初は二社で競争をして安くしてもらおうと思い、業者二社にお話をして安いほうの一社を採用しました。そうすると、片方は、そこまで研究して没になったわけですから、すぐに同業者に売りに行くので、一年にもたたないうちに同じようなシステムが同業者でも走るようになるのです。これではいくら研究をしても先行利益が残らないというバカバカしい話になりまして、それ以降は大体一社にして、最初から会社を信頼してお願いをするようにしました。

これが一つの我々の輸送基盤ですが、すべてこのように、一つのシステム化したスタイルを作り上げてしまうということです。

もう一つは、「全員経営思想の推進」ということです。これは社内的なことですので社外にはあまり発表していませんが、私どもの商売は「職場分散型企業」と言いまして、二、〇〇〇カ所も三、〇〇〇カ所も職場が散らばっているので、社長からの指示も、非常に末端まで届きづらいわけです。また、営業所で働く社員も、それぞれ車でいったん外に出れば、支店長の指示などを直接受けることはできません。

そこでどうしたら会社の意思が伝わるかを考え、「全員経営」の思想を徹底しました。それは、全員、ドライバーも、全社員が経営者として自覚しようということです。自分でわからなくても、どうしたらいいのか困った時には、社長ならどうするだろうか、支店長ならどうするかという判断で動いてくださいと。少々損をしても、社長ならこのくらいのことをしたいという判断があれば、それでよろしいというサービス第一の判断で、最初は目をつぶって全員経営を推進しました。

労働組合からは、「全員経営って何ですか。我々みんな役員になれるんですか」などというようなことを聞かれます。「そうじゃないんだ。全員経営という一つの頭で全社員が動こうじゃないか。しかも命令する人、される人の関係はなし。全部自分で動こう。その訓練をしようじゃないか」と、最初はこのように啓蒙したのです。全員経営という一つの中枢神経が通っているわけですから、中枢神経が指示するように、トップから全社員までが機能的に動けることを理想としているのです。したがって、入社しますとすぐに「全員経営」という思想をたたき込んで、社員は会社を代表するということで仕事をしてもらうわけです。この辺がちょっとユニークですね。

「経営というのはよくわからん。みんな経営者だと言っても、どういうふうに判断したらいいのか」と労働組合からはずいぶん言われました。それで、我々は今まで言ってきましたような説明を一生懸命するわけです。一度組合大会に行き、組合が説明しているのを聞きますと、「全員経営だから、みんなが経営者のつもりでやるんだ。桜の花は花びらが五枚。大きくも小さくもない。全社員の花は均一に咲いている。ただ、枝の上下があって、社長は上のほうに咲いているけれども、我々は下のほうに咲いているんだ。あるいは横の枝かも知れない」、このように説明しているのです。「いやあ、うまいことを言うな」と涙が出ました。そのようなことで、むしろ経営管理者よりも労働組合のほうの説得がすごいのです。これで十分、私は行けるなと感じました。

その他経営戦略については項目だけを申し上げておきますと、一つは我々の経営戦略の中で、サービスは利用者の立場に立って考えようということです。お客のニーズというものを十分酌み取り、我々の立場ではなくて利用者の立場でものを考えていく。鉄道小荷物などがどんどんなくなり、郵便小包も減っているのは、送ってやるという自分の立場でサービスを考えているからです。これを一八〇度変えないと、荷物は集まりませんね。

私はよく講演をやりますが、これはサービス業だけではなく、メーカーも生産者の立場でよく言っています。今日は日産の方もおられますが、例えば、「この車はエンジンが最高級で」と言いますが、むしろ後ろに積む機能ですね。バン型のようなものは荷台がフラットになって何でも利用できるとか、室内の電灯は取り外しができて野外にも使えるとか、そのような使い勝手のことから入り強調しないと、今の車は性能がいいことは十分わかっているだけに、利用者の立場で考えることが大切です。

今当たっている商品を全部調べてみても、そのようなことでよく説明をしています。例えばマッサージ機など、自分で「これは強力だ」と言うのではなく、センサーでその人の体形を全部把握し、揉む力と当たるところを自動的に計算して揉むというように、利用者の立場でものを考えているのです。これが生産が間に合わないほど飛ぶように売れているのです。すべてが万事、利用者の気持が大切なわけです。

次に、総花的な経営をしないということです。商品・事業は絞り込み、セグメントして、それに全力を傾注することです。セグメントすることによって業態化を推し進めるということになります。だから、生産から消費までの一貫した業態としての技術開発に徹しなければいけないのです。これをやろうと言っても、社員が理解しなければ、事業を進めることは非常に難しいものになります。

一番卑近な例としては、牛丼と新幹線が理解しやすいと思います。新幹線は、窓口から走る線路まで全部別で、長距離のスピードということを業態化しているわけです。牛丼も牧場から「どんぶり」まで一貫したものですから、これに全力を挙げることになります。このようにシステム化して業態化したものには、あれもこれもやっているのでは間に合わないと思うのです。したがって、牛丼屋へ行って天丼を食べたいと言ってもだめなわけです。

私どもの会社もこれに徹しましたので、小口の一個一個の荷物に集中し、ロット物の大口は断ったのです。非常に荷物のない時、小口が増えない時に、松下電器、三洋電機様などへ行って一車単位でドンともらっていたのをお断りしたのです。「気が狂ったんではないか」「もうヤマトはつぶれるよ」などと評判が高くなりました。そのようなところをどう乗り切るかということです。それをやらないで、そののちの宅配戦争でいろいろな動物を看板に掲げた「アニマル戦争」に三〇社ぐらいが参加をしました。しかし、相変わらず大きい荷物を扱いながら、小さい物が出た時の繁忙期に片手間でそれはそれとしてやるようなことでは、商売にならないわけです。そこをいくら言ってもわからないのです。あちらもいい、こちらもいいなどと都合のいいものだけでは、絶対に商売は成り立ちません。そのようなことができるのなら、品種改良が盛んな世の中、キャベツ大根ができるのではないかと思っています。上にキャベツができて、下に大根もできる、これは効率がいいはずではないですか。

それができないということは、我々のいう業態化して一つに絞らないと、両方を天秤にかければ両方とも中途半端で、大根の葉っぱにキャベツの根っこがつくようなものなのです。そのようなことを理解して商売をやっていかないといけません。何も総花的にやる必要はないのです。あれもこれも何でもできるというのは、現在は何もできないのに等しいのです。だから外国では、ゼネラルのついたものはだめだし、総合商社、総合的な名前、冠を持っているものはこの時代に合っていないのです。特化して、突っ込んでいくような厳しい条件を出さないと、あれもこれもやっていこうなどということは、これからは段々と生きていけなくなるのではないでしょうか。

3　ヤマト運輸の経営戦術

先ほど経営戦略の中でお話しました全員経営思想はありますが、私が社長の時に「ＣＳ経営を実践しましょう」と提案しました。お客様の満足ですね。サティスファックション、顧客満足企業を一度やって見ようということでしたが、かなりの社員から反対というか、経営思想の混乱があるのではないかという意見が出ました。全員経営で働いているのに、なぜ「マニュアル・サービス」を入れるのだということで激論をしましたが、私はこのように考えていました。

全員経営で全社員が機能するのは理想だ。しかし現実はどうかというと、最近新しく入った社員とか、性格的に弱い人が二割ぐらいはいるわけです。この最先端にいる二割の人にマニュアル手法を少し採ったほうがいいのではないかということで、ＣＳ経営を採り入れました。あまり難しいことを言っても現場ではわかりませんので、一つは、お客に接する時は真剣にやりましょう、例えば闘牛士が牛を刺す時の心境だということです。対面した時に、他と無駄話をしながらお客に応答するようなことではなく、「いらっしゃいませ」と簡単に挨拶をし、お客の対応に徹しなさいということです。

二つ目は品質管理です。いくらサービスよく受け付けても、途中で荷物がなくなったりしますとどうしようもありませんので、輸送の品質管理を徹底しようということです。特に我々の場合はサービス業ですので、生産即販売なのです。したがって、生産に欠陥があれば、それをそのまま売るわけですから、通常のメーカーとは違います。欠陥商品は取り替えればいいというのではなく、サービスという商品はそのまま欠陥商品を売ることになりますので、サービス業の品質管理は非常に重要なことなのです。これにはいろいろと難しい基本的なものがあり、一つひとつクリアしながら進めました。

三つ目はクレーム処理です。万一荷物がなくなったり壊れたりした時は、誠心誠意謝るしかありません。理屈を言ってもだめなのです。このようなことに徹しました。ＣＳ経営の推進はこの三つがポイントです。

当社はこの「ＣＳ経営」の一番必要な企業です。一日に発送が三〇〇万個あれば、到着が三〇〇万個。だから社員は一日六〇〇万回お客と接しているわけです。このような企業はあまりないと思うのです。したがって、その一瞬一瞬に好印象を与えないとイメージが非常に落ちるわけです。人は、「いいということ」を一〇人が受けたとしても、他に話をする人は一人ぐらいですが、「悪いこと」は一〇人全部が話しますから、そのようなことを念頭に「ＣＳ経営」を徹底的にやりました。

行動は簡単です。お客さんが来たら立ち上がって「いらっしゃいませ」と言うとか、難しいことではありません。あとは全員経営思想でやればいいことですから、バックボーンがあるわけです。特に未熟練者にはこのようなやり方で進めました。

もう一つの実践経営手法として、「小集団管理方式」を採っています。この方式は、今まで言いましたように、日常行動がバラバラに分散しますので、職場の帰属意識が弱く、それを大体七名から一〇名の小集団でまとめようとするものです。作業によって若干違いますが、ドライバーは大体七名ぐらいを一つのグループとしています。車は五台を七名で回しているわけですから、週休二日制で車はフル稼働状態で、人のほうは二人が休むという考え方です。八名のケースもありますが、基本は集配や作業も小集団管理グループ制を実施しています。

これが非常にコミュニケーションをよくしています。かつては、出勤して来て所長から「じゃ行ってこい」ということで荷物を持って行き、帰ってくる、すぐに帰宅する、という非常に殺伐とした日常業務だったようです。そこで一つのグループを作り、悩みを聞いたり、お互いに助け合ったりすることで、ヤマト運輸に対する帰属感を、グループの中から生み出そうというものです。

勤務交番もグループ制にするとグループリーダーが一人いるわけですが、「Aは明日出ろ、Bは明日休め」と命令でやると、個々の事情や反発などでうまく行きません。今は、縦の社会ではなく、横の仲間社会なのです。ここでみんなと話し合うところに着目すると、今まで営業所長が全部「交番」勤務のスケジュールをつくっていたものが、グループ制にすると自発的になります。同僚の子供が病気だとか、奥さんの具合が悪いとか、お互いの細かいことを仲間がよくわかるのです。だから、「おれが代ってやろう」とか、みんなが命令で働くということよりも、自分たちが助け助けられるという判断で、横社会を活用しようということになるのです。

活動はグループ中心ですから、競争意識も出てきます。一店に三グループあれば、何々グループには負けたくないと、一生懸命個数を取ってくるわけです。私も店でよくやったことですが、一月《ひと》に注文を取りたい荷主を書き出して、注文が取れれば荷主の上にリボンをつけるということで、これが一つの励みになり、早くリボンをつけようと競争をして行くわけです。グループ間の総個数、そして個人別の総個数も全部、組合や悪い刺激にならないよう配慮しながら張り出します。そのような刺激を与えているというのも、一つの競争意識を醸成しています。

それで同じ七名でやっていても、なぜ違いが出るのかというと、サボリ屋がいるからです。休んだり、遅いとか、個数がいかないというようなことですが、このようなことは自然に淘汰されるものです。会社が意図しているわけではありませんが、このような人たちは段々職場に居づらくなるのです。そして非常に新鮮な、いい形のグループメンバーが団結をしていこう、ということになります。お互いに勝った・負けたで、うまくいけば達成感を味わうことができるので、このグループ制は非常にいい方法です。特にサービス業のような張り合いのない作業などは、このようなことで確《しっか》りと管理することができます。

私がなぜこの方法を採用したのかと言いますと、二、〇〇〇店舗も作るのですから、所長が間に合わないわけです。大卒で五年すれば、もう所長にしなければいけないのですが、五年で二〇年勤続のドライバーを使えますか、ということになります。そこで折角採用した大卒者をつぶしてしまったのでは何にもなりませんので、グループ制のもとでグループ・リーダーに采配を振るわせれば、所長が上で管理者としても機能するわけですから、このような方法を採らざるを得ないのです。管理者がだんだん成熟化してきますと、またこれも考えなければならないのですが、私の在任中は、これら管理者の心労を少しでも取ってやろうということです。

しかしリーダーが成熟してくれれば、所長になり、支店長になり、もうそれは大学を出ている・出ていないではなく、実力さえあれば関係ないのです。だから、リーダーから主管支店長にまでなった社員は何人もいます。そのような登用から励みが出て、一生懸命やるようになったのです。励みは大変必要かつ重要なことです。ビジネスチャンスといえば、「不便、不備、不満」が私どものビジネスチャンスになります。商品やサービスを開発する時は、不便、不備、不満を改善することが狙いです。そこから我々はクール宅急便とかブックサービスを商品化していったわけです。

日本は文化国家などと言っています。しかし、国内二、五八一町村のうち、図書館も書店もない町村が一、〇九五町村、全体の四二・九％もあるのです。そこで我々はブックサービスという商品を開発し、一〇年ぐらいかかりましたが、これが結構成功いたしました。ブックサービスでの取り扱いは大体三〇〇万冊、売上高五〇億円にまで成長しました。

4　ヤマト運輸のコーポレート・ガバナンス

まずコーポレート・ガバナンスの解釈の仕方が、各社の規模や業種、形態などによってさまざまあり、アメリカ式の株主中心的なものなのか、日本的な社長のほうに少し権限が強すぎるのではないか、というようなことです。結局、会社の特徴としていろいろありますが、ステーク・ホルダーの中の綱引きなのです。

私が個人で考える時には、やはりバランス感覚を頭におきました。賃上げをすれば増配を、準備金を取り崩したら無償増資を考えなければなりません。そのようにバランス感覚で相対したことをやらないと、総会でも質問されます。

今何かありますと、平成五年に施行された株主代表訴訟で問題にされるわけです。経団連もこの委員会に入っていますが、誰があのように軽々と代表訴訟ができるものを決めてしまったのか、今になって問題になっているのです。一律八、二〇〇円で、さかのぼって代表訴訟をやるなどということは、経営的な立場からやはり歯止めをかけるべきだったと思いますが、三名、三年とした社外監査役制度はやむをえないと思います。

何かことあれば「国乱れれば法律は増える」というのですが、その都度法律、基準が際限もなくできて、いくらこのような法律があっても、私は効果はないと思います。社長として考えた場合に、監査役を社外から入れなさいと言われれば、「はいはい」と形式的にはきっちりできますが、自分の意見が通る人を持ってくるのは当たり前のことです。ですから、法律で決めて形式は整えますが、中身はどうかということです。

アメリカ式の株主優先などといっても、エンロンやワールドコムなど失敗しているわけで、その方式をお手本にしようと思っていた夢が破れて、結局日本式のほうが良いのではないかと思うのです。

むしろ社長で、九〇％ぐらい企業経営が決まるのではないでしょうか。社長の経営、勤務、判断に対する姿勢は、常に取締役・社員が背中を見ていますので、そのことを私は一番重視して、在任中は全力投球でした。どこの社長もやっていることだと思いますが、引退しても悔いを残さないよう一二〇％頑張ろう、会社にプラスになるように存続第一に判断しようということです。

私的な不純な心があれば必ずほころびが出ます。社長はたくさん取るのではなく、清貧に生きることです。今、きちっとしていれば、社員と比較して退職金が六億とか一〇億とかいう発想は出てこないと思うのです。私も、七〇歳までやる気は全然ありませんでした。緊張してやれば目一杯で、一〇年もやれば、それ以上やれと言われても、もう疲れましたという感じです。八〇歳までやっている人など、どのようなことをやっているのかよくわかりません。

社長になると確かに誘惑があります。万に一つ「日本で二、五〇〇社の上場会社の社長をやるのだから、生涯で千載一遇のチャンスを得たのだから、この際少し自分勝手にやろう」と思うか、「社員のために、きちっと憂いのないようにやろう」という二種類しかないのです。やはり、きちっとやるほうを採るべきで、千載一遇などといっていると、とんでもないことになります。

会社経営というのは資本も重要ですが、やはり人です。ヤマト運輸は労働集約産業ですから、公平感が大切です。人を大切にするというのは、公平に評価して扱うということなのです。体質的に好きな人もいますが、人の好き嫌いを作らないことです。民間企業で社長を長くやって好き嫌いがあると、始末に負えません。公務員の方は二年、三年で上司が変わるからまだましですが、社長は一〇年もやられると、もう立つ瀬がないですね。一〇年もどうにもならないことですから、公平に能力評価をやってやらないと、全員が生き生きと働かないのです。

能力的には、メーカーが必要とする企画力や瞬発力とは違い、サービス業の場合は瞬発力だけでなく継続、持続能力が必要です。決められたことを三六五日、毎日同じことをするのも一つの能力です。これを対等に見てやり、会議の時格好よく提案したら一〇〇点を取るという世界ではないと思うのです。そこで決められたことに手抜きなしで継続的能力を発揮する人も、同等に評価してやらなければいけないと思うのです。

公平についてもう一つ。社長になる人はどうかと言いますと、やはり取締役から上がるわけですから、取締役の選任基準を確りと作っておかなければいけません。経営者の登用について、当社は歴代「酒癖の悪い人、威張る人、金銭やポストに卑しい人は役員にはしません」と平生から公言しています。役員になりたいのならそれらを改めておくことです。社内世論から「あの人はだめだ」ということになるような人は役員にはなれません。ポストに卑しいというのは、皆さんにはよくわからないと思いますが、社長になるとわかります。横滑りポストに辞令を出すと、「うーん、これどっちにいったら将来プラスになりますか」などと平然と聞く人がいます。そういうことばかり考えているのがポストに卑しい人間です。

入社した時は皆、社長まで行きたいと入ってくるわけですが、そうすると平社員から社長のポストへ行く急階段を、一直線に昇れますかということになります。階段には踊り場があって、回りながら上がっていきますから、踊り場で辛抱のできない社員はどうにもなりません。突っ走れば息切れするわけですから。そのような時は、「これは勉強の時間だよ」とか言っても、仲間がもう上にあがっていますから、そのようなことを気にする人には、何を与えても満足しないということです。

5　経営理念の策定と実行

当社の経営理念は、私が社長になって三年目の平成六年に作りました。一番気になりましたのが、「社会的インフラとしての宅急便の高度化」です。一民間企業が社会的インフラなどとはおこがましく、皆さんから見れば、とんでもないと思われるかも知れません。私もこれを入れることには若干の抵抗はありましたが、社員に自覚を持たせるため、あえて入れました。もう我々は個人企業ではなく、社会的なインフラとして見られている部分があるのだから、これを自覚しようではないかというわけです。

当社には「社員行動指針」が六項目二五細目にわたり細かく定められ、社員に配布してあります。この中には社員の行動が非常に細かく記述してありますが、これを決めた後で、私が「しまった!」と思ったのが「法と倫理に基づいた行動」で、この中の行動指針に「企業献金の禁止」をうたったことです。解説は、「ヤマト運輸というのは社会に対して常に公正な立場を堅持するために、会社として特定の政党・政治団体および政治家に対する支援、献金、寄付などの行為は一切行いません」。ところが、社長にとっては大変なことなのです。

あちらこちらから責められますが、政治家に対して一銭も出したことがないのです。総務部がだめだと言うので、では個人で払うと言うと、「個人でも会社とみなされます。一心同体ですからやめてください」と、これもだめなのです。したがって、代議士の秘書仲間では周知の事実になっていると思うのです。何年間か頑張ってきましたので、これは一つの遺産だと思うのです。一つ崩れれば全体が崩れてしまうので、絶対に守りたいということです。

当社そのものがお願いするようなことはあまりないのですが、業界の長をやると、業界としてお願いする筋があり、これが一番つらいのです。だから私は会長というのは極力やらないようにしています。

このように規定があると、説明しても理解できないということで、秘書の方がこられた時は総務で丁重に説明をして納得していただいていると思います。

それと、「職場ルールの遵守」ということで、改ざんはやらないということです。これは最近社会問題となっている事例で、改ざんの禁止は、貴重な取り決めだと思います。

6　社風刷新

会社のいろいろなことは、三カ年計画で順次実施しています。社長就任後決めたことの一つに、「社風刷新」があります。これを決めた時のヤマト運輸は、年商大体五、〇〇〇億円ぐらいの企業体になっておりましたが、まだ中小企業時代の古い社風が頻繁に残っています。この辺で一回洗い直して、社員の意識改革をやろうというわけです。

まず勤労観です。勤労観というのは、従来のしきたりで何となくやっている仕事をやめようとか、上司が残っているから一緒にお付き合い残業があるのではないかとか、このようなものは一切廃止しようということです。「上司が残っていても、どんどん帰りなさい」、「必要がないのに、安い人だからといって目的もなくだらだらと使っているのはやめましょう」と。必要な時には必要な要員だけを入れる。社員より給料が高くても、それだけの能率と器量があれば、時給三、〇〇〇円でもいいと思いますが、これが社員より高くは払えない、というような感覚があったのです。

もう一つは仕事観です。中小企業が一流になるのには、脱皮しなければいけない仕事観があります。引越し作業は、業務上わかることですが、「引越し」の仕事に行きますと、チップをいただいたり、昼飯をご馳走になったりすることが、平成六年ぐらいまでは当たり前にありました。そのようなものは「遠慮しなさい」と。公平感から給料の奨励給も加減を行い、その他自分の都合で、作業員不足をタクシーで呼び寄せる費用のたぐいなど全部撤廃しました。

それから事故防止について。事故を起こしても隠して報告をしないのです。自社の修理工場がありますので、皆で「なあ、なあ」で直してしまい、報告書の改ざんがあるわけです。それから、新年会などあった時に、出入り業者などから金を集めて社員に安く、豪勢に飲ませたりするようなことが、従来の仕事観にはありました。これを、一流会社になればもうやめようということで、全部撤廃いたしました。

事故隠しなどは厳罰に処することで、所長は二階級降格など厳しくいたしました。それまでは、不正や改ざんは表に出ないことから、このような部下を持つ上司は非常に安泰でした。そのようなことをしても、当人が金銭を懐に入れたのではなく会社のためにしたのだから、周りも非難しない。むしろ上の方からかわいがられて、やり手だということで上にあがって行くのです。これは非常に矛盾しているので、私は「社風刷新」で全部廃止して、厳罰に処することにしました。

それから、社内のことなどを教えてもらおうと社長室に「目安箱」を設けました。密告ではありませんので匿名はだめです。匿名というのは、誰かを陥れるために無責任に書くものですから、社長としては受け入れられません。ちゃんと実名・職名を入れたものについては、極秘のうちにパーフェクトに処理しようということです。これはやっておいて良かったと思います。このようなことをやらないと、今、問題になっている輸入牛肉混入の問題のようになります。私が考えるには、当社で言えば優秀なやり手で、周りがみんな良くやっていると思っていても間違っている場合は、どこかで言ってやらないと、良くならないのです。私はそのような意味で、社長からはっきりと、「そのような考えは違うのだ、社会に受け入れられる企業になるにはその辺りを明確に直さなければいけない」と公言しました。何か不満があったり、社長に直接言えるような風穴がないと、直接、担当局に密告するわけです。

私の在任中は、このようなことできれいにして、不正のない企業体をつくろうと努めました。これを積み重ねれば「社徳」が生まれます。人徳のような社徳をつくろうということです。

こうして、風通しのいい会社になったわけです。社長を辞めて一年三カ月ぐらい経ちますのでその後はわかりませんが、このような考えでやってきて非常に良くなったと思っています。

（二〇〇二年一一月五日）

第4章

資生堂の経営革新とコーポレート・ガバナンス

企業価値を高める経営

池田守男

株式会社資生堂代表取締役社長

1 企業理念とコーポレート・ガバナンス

企業は、それぞれの企業理念や事業領域をもって活動しています。そして、社会における存在理由もそれぞれ違います。「どんな事業によって」、「誰に対して」、そして「どんな価値を提供していくのか」など、それぞれの企業目的はさまざまであり、当然ながら、企業のあり様によって経営のスタイルも異なると考えています。

例えば、世界市場において自社の存在を求めていくのであれば、よりグローバルでの均質な基準に沿った経営スタイルを探る必要があります。また、日本国内において伝統を重んじるのであれば、よりドメスティック性を重視したものでも良いと思います。

そこで当社の成り立ちについて、若干お話いたしますと、当社は、一三〇年前の明治五年（一八七二年）、福原有信が日本で初めての洋風調剤薬局を東京銀座の地に創業しました。「資生堂」の社名の由来は、中国の古典で易経の「四書五経」の一節、「至哉坤元《いたれるかなこんげん》、万物資生《ばんぶつとりてしょうず》」から引用したものです。その意味は、「大地の徳（めぐみや備わっている能力）とはなんと素晴らしいものであろうか。すべてのものは、ここから生まれる」ということです。そこには、新たな文化や価値を生み出そうとする創業者・福原有信の願いが込められています。東洋と西洋を融合し新しい文化をつくる「和魂洋才」、またドメスティックな日本を基点としながらも、常に世界へ目を向けるという考えでした。

このようにして社名に込められた資生堂の創業の精神は、「美と健康を通じて、お客様のお役に立ち、ひいては社会に貢献する」ことです。「お客様のお役に立つ」、「社会のお役に立つ」という創業の精神は、いつの時代でもどこの国においても、当社が事業を展開するうえでの基本としています。こうした創業以来の考えを一九八九年に企業理念としてまとめました。その企業理念とは「多くの人々の出会いを通じて、新しく深みのある価値を発見し、美しい生活文化を創造する」ことです。この創業の精神や企業理念が、すべての出発点であり、このことを経営の中で具現化していくための手段が、「企業統治」のあり方、コーポレート・ガバナンスであると考えています。

当社では、この企業理念を実現するための経営活動の一環として、独自の事業活動を進めるのと同時に、当社なりのコーポレート・ガバナンスに取り組んでいます。

つまりコーポレート・ガバナンスとは、それぞれの企業理念や存在目的によって、個々の考え方や顔があるべきではないかということです。当社も決して他社に追随するというのではなく、〝資生堂はどういう会社なのか〟ということを体現する独自のスタイルを取っています。

2　企業価値を高める経営

ステークホルダーと価値軸

今日企業を運営するに当たっては、お客様だけでなく、さまざまなステークホルダーの存在を重視する必要があることは、皆様もご承知のことと思います。そのステークホルダーとは、「お客様」、「株主」、「社員」、「取引先」、そして企業の存在を受け入れてくれる「社会」そのものです。そこで当社では一九九七年に企業行動宣言「THE SHISEIDO WAY」を定め、これらのステークホルダーと如何に関わっていくのか、その進むべき道筋を示しました。そして当社を取り巻くすべてのステークホルダーの利益を重視し、その満足度を高める企業経営を目指しているところです。

そして、二一世紀の企業経営においては、このようなステークホルダーのご満足をいただく価値軸とは、「経済的な軸」だけでなく、多元的な価値軸、例えば社会軸、文化軸、人間軸といったものであると考えています。二〇世紀は科学の時代であり、科学の進歩がもたらした人類の輝かしい成果が、私たちの生活を潤してきました。その反面、心が貧しくなり人間としての存在感が薄くなってしまったように思います。そして、二一世紀は「心の時代」、「人間の世紀」であり、またそうあってほしいと願っています。

したがって、これからの時代、企業は「よいものを作り市場に届ける」という経済性を追求するだけでは、お客様からの信頼を得られないと思います。「経済的な軸」とともに「社会軸」「文化軸」「人間軸」といったものを企業価値に据えていくことが必要なのです。このことは、固有の歴史と伝統をもつ日本で生まれた企業が、世界で存在感を示していくための、極めて重要な経営のスタンスであると考えています。そして、企業はこのような多様な価値を提供していくことで、初めて、これらステークホルダーの満足度を高められるものだと思うのです。

ですから、ステークホルダーからの評価は、経営を進めるうえで大変貴重な指標と考えています。企業は、ステークホルダーから、売上や時価総額などの経済評価指標のみならず、社会性や文化性そして人間性の指標によって評価され、その存在意義を問われる時代になりつつあると思うのです。そこで当社では、一九九七年より定期的にステークホルダー調査を行っており、その結果を経営に反映させているところです。

ブランドと信頼

一九九〇年代後半より、企業価値を生み出す源泉として、ブランドへの関心が高まっています。このブランド価値に対する評価をいくつかの機関が行っているのは、新聞報道などで皆様ご承知のとおりです。

私は、「当社にとっての企業価値とは何か」ということに対する一つの答えは、ブランド価値を高める経営ではないかと思います。このブランドとはお客様、ひいては社会などすべてのステークホルダーからの信頼です。そして、その信頼とは、一朝一夕にできあがるものではありません。当社の「資生堂ブランド」に対する信頼は、創業以来一三〇年にわたる不断の努力の結晶であり、信頼の蓄積であると思うのです。それだけに、「この信頼を今後どうやって維持・拡大していくのか」ということが、私にとって最大の使命であるわけです。また、この信頼をさらに獲得することで、株主価値の向上にも結び付けていくことが、経営者としての私の責務と認識しています。

資生堂を支えているもの

私は、この資生堂ブランドに対する信頼をより高めるためには、企業としての存在意義をいま一度見つめ直すことが必要と考えています。それは、「資生堂は何故存在するのか」「どのような形で社会のお役に立っているのか」といった自らのアイデンティティーを見つめ直すことであるわけです。

先ほど申し上げたように、当社は、明治五年（一八七二年）創業者・福原有信が、日本で初めての西洋調剤薬局として創業し、今年で一三〇周年を迎えました。創業の精神は、「美と健康を通じて、お客様のお役に立ち、ひいては社会に貢献する」ことです。そして、八〇年前の大正一二年（一九二三年）に二代目社長の松本昇が、日本で初めてのボランタリーチェイン制度である「チェインストア制度」を導入し、今日の発展の礎を築きました。その根底に流れる精神は、「お得意先とともにお客様の喜びを目指す、お役に立つ」という創業の精神を受け継いだものです。

当社は、創業時より一貫して「お客様」「お得意先」そして「社会」によって支えられ、その存在を認められてきたのです。そして、こうしたステークホルダーとの絆を深めるマーケティングシステムとして、チェインストア制度、販売会社制度（昭和二年）、花椿会制度（昭和一二年）などを導入し、磐石な経営を進めてきました。

しかしながら、一三〇年の歳を重ねて、資生堂は内的にも外的にも問題を抱えていました。それは当社の強みであった完璧なマーケティングシステムが、かえってチャネル構造の変化に適応できなくなってしまったり、お客様の変化を掴みきれなくなったのです。そこで、このような問題を一掃し、将来に向けた基盤を再構築するには、この時しかないと判断し、経営改革に踏み切る決断をしたのです。

経営改革の理念

そして当社は二〇〇一年の二月より、抜本的な経営改革に着手した次第です。この経営改革が目指したものは、「お客様の、そしてお得意先のお役に立つ」という創業の精神と、チェインストア制度の精神に立ち戻り、すべての活動をお客様視点で見直すというものです。

改革を進めるには、リーダーが理念を示しこれを社員全員が共有すること、そして理念に沿って仕組を見直すことが必要です。そのため、お客様のお役に立つという精神を端的に表す理念として「店頭基点」を掲げて、今日的なビジネススタイルへの変革に取り組んでいます。当社は、従来からお客様との出会いの場である「店頭」を中心としたマーケティングを進めてきましたが、今回の改革では仕組や制度、そして評価に至るまで、店頭基点という考え方で抜本的に改めました。

例えば、営業の評価は販社売上（資生堂から得意先への納品売上）から店頭売上（得意先からお客様への売上）に変えました。営業担当がいくら得意先に販売しても、店頭でお客様にご購入いただかなければ評価されません。得意先のリベートも同様の考え方としました。これを制度的に進めるために、全国一六、〇〇〇店のチェインストアに、ＰＯＳレジを導入しました。今回の経営改革では、このようなインフラ整備と制度改訂など、基盤づくりに力を入れました。そして、改革の柱として、「マーケティング改革」・「サプライチェーン改革」・「組織・マネジメント改革」の三つを掲げ、抜本的な見直しを始めたのです。

マーケティング改革では、当社の一番の強みであるスキンケア化粧品による競争優位を確保すべく「スキンケアハウス資生堂」といったスローガンを掲げました。そして、ブランド体系の整備、取引制度の改革、組織小売業への対応強化などを進めています。

サプライチェーン改革では、「品切れ」も「偏在」も生じさせない仕組として、ＰＯＳレジから吸い上げたデータに基づく、フレキシブルな生産や瞬発力のある物流体制の整備を進めました。これらの「店頭基点」に基づくマーケティング改革とサプライチェーン改革は、二〇〇一年度中に仕組整備をほぼ完了した次第です。現在は、これらの本格的な活用を通じ、実績に結び付けていく時期を迎えています。

経営機構の改革

そして、三つ目の組織・マネジメント改革が、経営機構の改革であり、コーポレート・ガバナンスに関係するものです。経営機構の改革は、二〇〇一年の七月より着手しました。

まず、執行役員制を導入し、意思決定・監督責任を担う取締役と業務執行責任を負う執行役員を明確に区分することとしました。経営改革という非常事態を乗り切るには、意思決定のスピードアップと機動的な経営が何より重要であり、その点にウエートを置き経営機構の改革を行ったのです。同時に、取締役任期一年制の導入、取締役会運営要領の見直しや、「執行役員政策会議」の導入など、意思決定システムの見直しを図りました。取締役は全員執行役員を兼務させ、業務執行面においても陣頭指揮をとっています。

また、二〇〇二年度は、「意思決定・監督責任」と「業務執行責任」の分離を、さらに推し進めることを狙いに、取締役数を一三名から七名に減員しましたが、「社外取締役」の導入には至っていません。その理由は、「資生堂の企業価値向上に当たっての意思決定が、社外の人材にできるのか」といった疑問に、未だ回答が出ていないからです。現時点、経営の健全性、透明性の確保のために、昨年設置した「アドバイザリーボード」や、社外監査役制度で十分機能しうるのではないかと思っています。加えて、資生堂独自の制度として、「コーポレートポリシーガバナー」という新たな機能を副社長が務めています。縦割り型の執行役員体制におけるグループ全体の横の連携を委員会形式で強化していくものであり、大変うまく機能しています。

こうした当社の経営機構改革は、一九九七年にソニーが導入した執行役員制などの先行導入事例を十分に検討したうえで、資生堂として最も適したスタイルとして構築したものです。大切なことは、企業にはそれぞれ最もふさわしいガバナンスの体制があり、商法改正の精神を踏まえつつも、企業なりのガバナンスを確立することが重要であるということです。したがって、コーポレート・ガバナンスの仕組は、企業の数だけあると考えています。

理念に沿った仕組

先ほど、改革とは理念を提示すること、そして理念実現のために仕組を見直す必要があると申し上げました。当社では、「店頭基点」という理念を組織内に浸透させる方法として、「逆ピラミッド型組織」を採用し、その心を徹底しているところです。

逆ピラミッド型組織は、二〇〇二年五月にＮＨＫスペシャルでも取り上げられていました。一般的な組織はピラミッド型であり、社長が一番上にいますが、逆ピラミッド型組織では、社長は一番下に位置するわけです。当社では、お客様との出会いの場である店頭で働くビューティーコンサルタントが一番上に位置し、彼女らを支社長たちが支え、全国の支社を本社が、そして社員全員を私が支えているのです。

その狙いは、店頭でお客様と接する社員が一番重要な役割を担っているのはもちろん、その社員はお客様や得意先に関する重要な情報も持っているからです。また、この組織形態をとることによって、社員一人ひとりが主役となり、自らの意思で改革のための行動を起こせると考えたからです。

社員の意識は以前と変わり、組織の歯車として会社に帰属し忠誠を誓う者から、自らの価値観・倫理観をもつ自律した社員が増えています。そうであれば、社員の人間力を最大限に引き出すマネジメントをしていくことが必要であると思うのです。どちらかと言うと、今までは、社員の能力を規格化し、画一的に評価しがちであったと思います。仕事を上から押し付けるやり方が、主流であったのではないかと反省しています。

こうして、社員一人ひとりの人間力を発揮することに期待し、社員自らの意思で行動することを提唱するメッセージとして「I do. 資生堂」を全員と共有しています。これには、「私が資生堂である。私がやり抜く」という意味を込めています。

そして、逆ピラミッド組織に沿って、営業部門からの声には、どんな些細なことでも、真摯に耳を傾けてきました。特にマイナス情報については注意を払うようにしています。その一例として、店頭基点の考えに沿って、本社・支社合同の問題解決型のタスクチームである「プロジェクトＸ」を発足させました。店頭で起きている問題として、サンプルの種類や数量、ビューティーコンサルタントのコスチュームの機能性など、具体的な案件一つひとつに対し、私が直接、陣頭指揮をとり改善を図っています。今までであれば、支社からの要望を本社が汲みとれなかったり、解決までにかなりの時間を要していたものも散見されましたが、このプロジェクトXではすべてに対しスピーディーに答えを出しています。

これは、現場の視線で本社を変える取組であり、このことを通じて、本社の管理職に対しては、「現場で起きている不具合を実際に解決するのが本社の役割」ということを、身をもって教育しています。社員に対しては、お客様との接点である販売第一線を全社員あげて支えていくこと、そして販売第一線には、全員に支えられているという誇りと自覚を持たせるようにしています。私自身の生活信条が「奉仕と献身」ということもあり、常にサーバントリーダーシップの心を実践しています。

結局、企業は人であり、人間力をいかに引き出すかにかかっていると思います。いかなる仕組も心が通わないと機能しないと思います。特に、大きな変革を進めるには、社員全員の一体感が重要であり、社員一人ひとりを信じ、その人間力を一〇〇％発揮させていきたいと考えています。

ヒューマンタッチとIT

経営者は自分の思いや志を社員へしっかり伝えることが大切です。特に、経営改革という非常事態に面している時には、改革に至った背景や目指すべき方向性について、十分過ぎると思うほど機会を設けて伝える必要があります。それは、支社や各部門の責任者を集めた会議で、数回、説明したところで、二五、〇〇〇人の社員には、なかなか伝わらないものです。優秀な経営者であっても、実は社内コミュニケーションがうまく行かないことで悩んでいる方は多いと思います。

私は、店頭基点の改革であるから、特に販売第一線のビューティーコンサルタントの研修や会議には、どんなに多忙な中でも時間を割き、自分の思いを直接、語りかけるようにしています。そして、話の最後に、「私のＩdo. は皆さんを支えること」と訴え、サーバントに徹することを約束しています。〝人と人〟、〝心と心〟のコミュニケーションを働きかけることによって、個人の意識や行動が変わり、ひいては組織を動かし、そのことが改革成功の原動力になると思います。まずは、経営者自らが、率先して現場に足を運び、販売第一線の社員にフェイス・トゥ・フェイスで語りかけるべきです。そうした機会が持てない社員とのコミュニケーションについては、ホームページ（社内イントラネットに構築した「社長ホームページ」）などを活用して自らの思いを発信しています。店頭で活動する約八、〇〇〇名のビューティーコンサルタントにも携帯端末を持たせ、同じ情報を発信しています。

このようにして、ヒューマンタッチ（ＨＴ）の触れ合いとＩＴを活用したコミュニケーションをうまく連携させ、社員との一体感を醸成しています。情報化の時代であり、ＩＴの力は十分に活用すべきであると思いますが、その一方で、社員に対する愛情溢れるヒューマンタッチがとても重要なのです。

企業倫理の徹底

ここまで、企業価値を高める経営について、「信頼」を得る活動を中心にお話させていただきました。しかし、昨今の企業不祥事からも窺えるように、営々として築き上げられた企業の信頼も、一夜にして崩れてしまうのが現実です。そして、一度信頼を失った企業は、市場からの撤退を余儀なくされてしまうのです。冒頭、企業として経営を進めるうえでの価値軸は、経済的な軸だけでなく、社会軸・文化軸・人間軸といったことで評価すべきであると申し上げたのもこのためです。そういった意味からも、コーポレート・ガバナンスにおける企業倫理の徹底は、最重要課題であると考えています。企業は収益を上げて、雇用を確保さえすれば良いというものではなく、企業は社会から信頼されない限り、存在が認められない時代であると考えています。

日本経団連、経済同友会といった経済団体においても、企業行動憲章の見直しなど、社会・消費者からの信頼獲得にむけた取組に力を入れています。当社においては、一九九七年に企業倫理委員会を発足させ、「企業倫理・行動基準／THE SHISEIDO CODE」を制定し、法の遵守・企業倫理の社員に対する徹底を進めています。当委員会の委員長は、先ほどご案内したコーポレートポリシーガバナーである副社長が務めています。社員一人ひとりが「私が資生堂である」という意識を持つために、「I do. 資生堂」を行っているとお話ししましたが、これは個々の社員が常に強い責任感や高い倫理観をもって行動することも含めています。それは、一人の社員の行動が、企業の信頼を揺るがすこともあるからです。今後も、法の遵守と企業倫理の徹底については、厳しい自己規制と率先垂範をもって取り組んでいくつもりです。あわせて、日頃より活発な意見交換ができる「明るく風通しのいい社風づくり」を目指したいと考えています。

3　まとめ

心の時代の化粧品の使命

冒頭にも申し上げたとおり二一世紀は心の時代です。企業は単に良いものを作って届けるだけでは、お客様からの信頼は得られないのです。企業は、多様な価値を据えておく必要があると思います。二一世紀という心の時代には、誰もが人間性を回復し、生きる喜びや心の豊かさを実感できる社会を実現したいと願っています。その際には、東洋で培われた他者に対する寛容さや多様な価値観を認め合い、その中で共生するという考えが大切であると思います。そもそも化粧品業界は、「化粧という生活文化」において、ドメスティックで多様な価値観を尊重し、新たな価値を創り出してきました。このような化粧品業界だからこそ、二一世紀に果たすべき役割は大きいと思うのです。それは、化粧品業界に対する「時代の要請」ではないかとも受け止めています。

二一世紀においては、各企業がそれぞれの国や地域における文化の違いや多様性を受け入れ、調和のうえに共存していくような関係を築いていくべきではないでしょうか。真のグローバリゼーションとは、西洋の一元的な価値観を直截的に受け入れるものではなく、互いの存在を補完し合うことであると思うのです。

心の時代に人々の「美しくなりたい、心豊かになりたい」という切なる願いに応えるには、まずお客様からの信頼をベースとした活動に徹する必要があるのです。お客様の心を理解し、誠心誠意尽くさせていただくこと、そして心と心を通わせ信頼の絆を結ぶことです。それは、日本人に古くから受け継がれた「おもてなしの心」です。このおもてなしの心と深い愛情をもってお客様と接しない限り、お客様との心の絆は結ぶことはできないと思います。おもてなしの心こそ、資生堂に脈々と流れる企業遺伝子であり、すべての事業活動をこの考えに沿って充実させていきたいと考えています。

信頼を得る活動に徹する

二〇〇二年六月下旬、フランスのエヴィアンで開かれた世界の化粧品業界の会議にて、「人間性回帰の時代」と題して、今まで申し上げたような内容の講演をしました。このような私の考えに対し、多くの参加者から賛同をいただきましたが、講演を行った後、アメリカの流通業「メーシーズウエスト」のメトラー会長から、お褒めの言葉をいただきました。それは「アメリカの消費は停滞しているが、資生堂は活況を呈している。その理由は、まずお客様の信頼を得る活動に徹し、そのうえで販売活動を行っているからである」という大変ありがたいものでした。

また、九月下旬には、日中国交正常化三〇周年行事の一環として開催された北京大学と日経新聞の共催シンポジウムに招待され、「信頼こそ経営の原点」と題して、講演をする機会をいただきました。お蔭様で、当社は中国で成功を収めていますが、その要因を考えると、長期的な視点で経営を進めてきたこと、そして何より中国のお客様のお役に立ち信頼を得ることに努めてきたことであると思います。急速な経済発展が進み、誰もが経済性だけを追求しがちな中国において、このような視点で話をしたことに、出席した企業経営者のほか多くの関係者から大変な賛同をいただいた次第です。結局、信頼関係の構築は洋の東西を問わず経営の基本です。

経営とは、どこの国でもいつの時代でも「確固たる理念と使命に基づき長期的な観点で着実に実行すること」につきると考えています。最近、サステナビリティーという言葉が話題になっていますが、企業は、社会からの信頼を得ることによってのみ継続して存在できるものです。このサステナビリティーの重要性は、二〇〇二年七月にミラノで開催されたＩＣＧＮ（国際コーポレート・ガバナンスネットワーク）の世界大会でも話題になったようです。会議では、今後の企業投資に当たってのキーワードは、「Life of the company」であったとお聞きしました。私の目指すべき方向とまさしく同じであると思います。しかし、今日、あえて「Life of the company」と言わざるを得ない、また、意識せざるを得ない社会・経済環境を非常に残念に思う一人です。私どもは、これらのことを警鐘として真摯に受け止め、さらなる信頼獲得を企業活動の中心に据えていく必要があると思います。

私どもが現在取り組んでいる「信頼を高める経営」と、そのための経営改革の概要についてもお話させていただきました。繰り返しになりますが、企業の存在目的によって、当然、経営のスタイルは異なり、ガバナンスの形も違うものです。大切なのは、自らの存在目的や経営理念に基づき、長期的な観点で経営に取り組むことです。このような信念と高い倫理観を持ち、自らの方針や考えを愚直なまでも貫いていくことが、社会やお客様からの信頼獲得に繋がるものと思っています。

（二〇〇二年一一月一二日）

第5章

日本IBMの経営革新とコーポレート・ガバナンス

本林理郎

日本アイ・ビー・エム株式会社副会長

日本ＩＢＭは、日本企業になろうではないかと、日本化路線というものを強烈に進めました。現在では、同時に国際企業としても頑張っていこうとしている状況です。

まず、ＩＢＭが一〇年前に非常に難しい立場になった時に、どのようにくぐり抜けたかという、「日本ＩＢＭの変革」についてお話をしたいと思います。

次に、現在日本企業がいろいろ考えられ、衣替えをしようと努力されている状況をお話してみようと思います。

それから、ビジネスについて、私どもの会社の話になりますが、これからのコーポレート・ガバナンスを語る時、企業環境とか、企業のこれからの在り方がどこに向かって進むのかという議論があると思います。このような企業環境の移り変わりのようなものと、ネットワーク・ビジネスが今どのような状況なのか、先進的なものにはこういう例があります、というようなことを若干お話をしたうえで、我が社のコーポレート・ガバナンスについて触れたいと思います。

1　ＩＢＭの概要

まず、これからお話いたします「ＩＢＭ」という会社自体がどのような会社であるのか、ということを頭の中に簡単に入れていただきたいと思います。

ＩＢＭは一九一四年にできましたので、ちょうど九〇年の歴史を重ねました。多分皆様方の感じと違うかなと思うのは、アメリカで成功して、それでアメリカ以外の国に出て行ったというような印象があるかも知れません。この会社のスタート地点はアメリカですが、三年後の一九一七年には、フランスＩＢＭ、カナダＩＢＭというように、世界にいろいろなＩＢＭという会社を持とういうのがスタートで、アメリカで成功したのでそれでブランチとして各国に会社を開いたというのでは全然ないのです。ですから、大げさな言い方をしますと、本社がアメリカであろうが、フランスにあろうが、どこにあろうが一向に構わないのです。国際企業として、個々の国を離れて一つの企業体として頑張っていく会社というのが、創業者の考え方です。したがって、このような会社を通して世界平和を実現したい、どこの国とも貿易を通じ、ビジネスを通じて平和な社会をつくろうということでスタートを切りました。

後ほどご紹介いたしますが、一九八〇年代から九〇年代初頭にかけて社員が四〇万名近くになりました。この頃経営が苦しくなり、大きく人員整理などもありまして、二二～二三万名の会社に縮小しました。今はどうにかこの一〇年間で持ち直しまして三〇万名強です。

製造拠点も現在は二四カ所で、全盛期は四〇カ所ありましたが、それらを整理し、非常に過酷な条件の中でビジネスを続けてきたと言えると思います。

日本ＩＢＭの設立は一九三七年ですから、第二次世界大戦の前に会社はありました。一九三七年にできました時は「ワトソン統計会計機株式会社」という名前の会社でした。一番隆盛だった時は二万五千名の社員でしたが、今は二万二千名の社員、事業所は九一カ所となっています。

戦前にあった会社は、戦争中は敵国資産。当時はコンピューターではなく、パンチカード・システムという電気式のリレー会計機でしたが、敵国資産として資産管理を日本国が行っておりましたので、昭和二五年（一九五〇年）に再開する形をとった会社です。会社についてもう少し説明いたしますと、今、日経新聞の「私の履歴書」に連載しているルー・ガースナー、現組織では会長兼ＣＥＯですが、彼は今年一杯で退任し、来年一月からサム・パルミサーノが就任することになっています。アジアパシフィックブロック、ヨーロッパブロック、アメリカブロックという大きな三ブロックがあり、その下に一六四の国々があるわけです。日本ＩＢＭは、ＩＢＭアジア・パシフィックに属していて、他に韓国ＩＢＭ、中国ＩＢＭ、オーストラリア、ニュージーランドなど二一の国があります。

2　日本IBMの変革とビジョン

日本ＩＢＭの製品グループは、ハードウェアの売上高がすでに四割を切りました。以前は収入の八割以上がハードウェアの時代でしたが、それがどんどん変わりまして、ソフトウェア・サービス、いわゆるノンハードと言われる「形に見えない商品」が六割近くになり、大きく商品構成が変わっています。

私どもの競合会社の中には、まだまだハードウェアを主体に売っているところももちろんあります。それは企業の個性ですので、どちらがいいのかとは言えません。これまでハードウェアを中心に大型機を売っていた会社が、大きくノンハードに変わっています。これは口で言うことは簡単ですが、日本ではサービスは無償であるという感覚を、有償にするということは非常に難しいことでした。このような時期を通過し、どうにか定着して収入の主体がノンハード、特にサービスというものが収入のメインになるような時代に変わってまいりました。ちょっとわかりにくいので簡単な例で言いますと、給与計算をシステム化するために、ハードウェアというコンピューターも要りますが、それよりも給与計算自体を分析して、どのようにコンピューターにのせたらいいかということを、システム・エンジニアに相談するサービスのほうが高価で、その努力のほうがよりコストがかかるのです。

ＩＢＭという会社は、南北アメリカで収入の四三％、収入の半分以上はアメリカ以外で、日本を含めたアジア・ヨーロッパでの売上が目立ちます。私ども会社の歴史にはいろいろな国からの要求があり、アメリカン・スタンダードがすべてではないという情報システムの構築が必要だとの大きな変化を見せています。このような状況下でＩＢＭが陥った業績の悪化という厳しい変化があります。日本ＩＢＭの例を取りますと売上高はそんなに落ちていないわけです。一〇年前の一九九一年から九三年の間を見ていただくと利益は下がり、一方ＩＢＭ全体では非常に厳しく難しい時代を過ごしました。日本ＩＢＭでも九三年は赤字になってしまいました。当時売上が落ちてないのに利益が悪くなるという状況はそのうちに良くなるのではないかと考えられておりました。その当時は、今思いますと毎年毎年、翌年こそ良くなるぞと思いながら、一年一年が経過しました。そうするうちにトップが交代し、先ほどのルー・ガースナーが登場しました。彼一人の成功ではありませんが、登場した九三年を契機に会社自体を大きく変えて、リストラし、リエンジニアリングし、リインベンションして変えていったのが、ＩＢＭの推移です。

その頃から、大方の世相が、世の中の変わり目というのか、変わり始めたのです。まず、コンピューターの業界の中では、ダウンサイジング化の進行です。技術が非常に進み出したものですから、大型システムではなくて、非常に小型のシステムでも大型と同じような性能を発揮する時代に大きく移り変わってきました。ダウンサイジングの中でも、特にパソコンが非常に力を発揮して、今までやっていた普通の仕事などは、パソコンがどんどん吸収してしまうというような業界構造が非常に進みました。

もう一つは、ハードウェアで収入を図るのではなくソフト・サービスで、その中でも今まで無償だったサービスというものは有償で、コストがかかるものだというように、業界の認識も大きく変わってきたことです。

これはＩＢＭだけではなく、業界全体が世界的に変化してきたことです。このような業界構造変化というものは、一年、一年ではピンとこないものですから、変わったことに後で気付くようなことです。それから、急激な技術革新というものは当然のことですが、このような情報技術分野への企業の参入が非常に多いということです。競争というのは、いろいろなことを促進することでプラス面もありますが、競争が加速されればされるほど、製品のライフサイクルが短くなります。パソコンのモデルチェンジでもわかりますように、もう三カ月も経つと新しいものが出るということに象徴されています。

いろいろな技術というものは、いろいろな競争を促進して非常にサイクルの短い製品を生み、システムライフが短い製品は、利益はあまり稼げません。製品開発は五年とか、昔は八年とかかかって収益を稼いでいたものが変わったのです。それからお客様のニーズも、同じようなお客様が同じような仕事を依頼して来られたら、企業が蓄積した知恵や経験でお応えすることができますが、それがそれぞれに違うものになってきたので、コストのかかり方が違い、利益がどんどん薄くなっていきます。

ハードウェアだけでも、大型システムではかなりの利益を上げておりましたが、パソコンになりますと利益は薄いものになります。同じ売上高を上げるには、パソコンは特約店や代理店、その他いろいろな方法を使って販売し、お客様のクレームに対応したりするコストがかかります。このような製品構造が違うことへの気づき方が遅かったのです。そのことが、当時は体制、機能までも包含して変化していくことがわからない状況でした。

このような状況を打破するべく、私どもの会社が打った手をご参考までにお話したいと思います。一九九三年に一番底までに落ちました。九一年、九二年、九三年とコーポレーションの業績が落ち、日本ＩＢＭも九三年に赤字になりまして、そこでトップマネジメントが変わりました。後ほどお話したいと思いますが、取締役会から社長を交代すべきであるとの意見が出まして、当時ナビスコ社長のルー・ガースナーを説得しまして、一九九三年に彼が就任したのです。

そこで、私なりに以前とは変わったと思うことを五つご紹介したいと思います。一つはグローバル・カンパニーです。今までＩＢＭはマルチナショナル・カンパニーとして、その中に日本ＩＢＭ、ドイツＩＢＭ、フランスＩＢＭなどがありました。各国のＩＢＭが、その国の事情に合わせていろいろなサービスやサポートや営業体制を組んで各々が頑張っておりました。それはそれで重要なことですが、もう一つ重要なことは、せっかくＩＢＭが一六四カ国に会社を持っているなら、それぞれが独立して頑張るのではなくて、共通しているものはお互いに共通に分け合う必要があるのではないか、ということです。

例えば、航空会社のシート・リザベーションというコンピューター化がイギリスでうまくいったら、その経験をフランスや日本でも活かしましょうということです。簡単な例ですが、マルチナショナルはいろいろな国が一緒になった形ですが、グローバル化はそれらを一つとして考えることであり、当時としては大きな変化でした。

すなわち、経営資源の最適な所を考えて、最適な国にやらせようというものです。ＩＢＭ全体でお金が必要だったら、金利の一番安い国から借りましょう。生産をするならば、人件費が安くて品質のいいところで作らせましょう。全世界を見て得意技のあるところにやらせよう、それを全世界で供給しようというのが、グローバル企業として踏み切ったプラスです。

二つ目はベンチマーキングです。全世界がグローバル化に向かい、グローバルスタンダードとか、国際化ということを考えたうえで企業の設計をする時代になり、グローバルでものを考えることが重要だとの視点で取り入れた手法がベンチマーキングです。製品がこれから先売れるのか、売れないのかということはわかりませんが、経費、コストは確実にかかりますので、これをどれだけ削減し、抑えるかをある基準で評価調査することをベンチマーキングといいます。他社と比較して一番良い方法、コストの安い方法を調べるということです。

一台のシステムを売った時に、全世界の中でその機械を作るためのコストはどうなのだ、販売費はどうなのだ、一番安い手段というのはどのようなことかという検討を徹底的にやりました。その中で一番安い手段を見たうえで、それを採用する方法をとりました。したがって、コストを切り詰めるということを思い切っていたしました。この時はもうどん底でしたので、一生懸命売ろうとか、これから頑張ろうとかと言うよりも、今流れる血を絆創膏や包帯で止めながら、とにかく出血を止めることが先で、そのうち健康体になるかも知れないという状況でした。

今はもうのど元を過ぎましたが、当時、従業員は皆そう思いました。図体がある程度大きかったものですから、これが立ち直るということは難しいという気がしておりました。方々から出血する経費・コストをたたきながら、おそらく次の生命体の活力になるものでも切ったのではないかと思えるほど懸命だった思い出があります。

三つ目はフォーカスです。ＩＢＭという会社は、大型も、小型も、ソフトも、サービスもその他いろいろなお手伝いをする何でもやりましょうという企業だったのですが、的を絞りました。例えば電話のロルムという会社です。私どもでは電話機も取り扱っており、ハードもまだ魅力ある市場のように思えましたが、これからはネットワークの時代だということでやめました。

何から撤退するか、何から降りるかということが、やはり企業存続の中で非常に重要なことです。何を入れ、何を引くということは大変難しく、それを一生懸命やってきた研究者もいれば販売者もいます。それをどこかでフォーカスという名のもとに切らなければいけないので辛い思いを数多くしました。この時のフォーカスでいくつかを切りましたが、力を入れることにしたのは、その当時「ネットワーク・セントリック」という言い方をした、要するにインターネット・ビジネスです。これからＩＢＭはすべてのものを結集して、ｅ‐ビジネスに力を入れることにしたのです。

四つ目はインテグレーテッド・ソリューションです。お客様の解決策、お客様のプラスになる方法論を考え、それをインテグレーテッド・ソリューションとしていこうということで、その中には、ハードもソフトもあるでしょう。それを市場やお客様の目から見た時に「企業の成長のために何を求めているのか」ということを追求しよう。そのためには、ＩＢＭが持っているもの、個々のエレメント（要素）、戦力をインテグレート、結集・融合していこうではないかと考えました。

このフォーカスに、ｅ‐ビジネスとインテグレーテッド・ソリューションを核に、経費、人材をつぎ込み、今までの全方位的な戦略を大きく変えました。企業文化も過去の経験も大切にする会社でしたが、それよりも計画したものを即実行しよう、動いた結果が間違ってもそれを問わないということに配慮しました。

今までの経験、成功というのは必ずしも成功例ではなく、過去の遺産というのは負の遺産になる可能性も多いのです。したがって過去のものはもちろん大切にするとしても、これから先は失敗を恐れない企業にしようと企業文化を変えて行きました。

五つ目は組織のスリム化です。これは非常に辛い話ですが、当時社員二五、〇〇〇名のうち五〇代以上の社員中心に、五、〇〇〇名に会社から去ってもらわなければならない時代でした。日本ＩＢＭでは解雇という形はとりませんでしたが、当時会社を辞めるには、勤務年数によっても異なりますが、例えば一八カ月分、二四カ月分を退職金に上乗せするということで退職者を募りました結果、四、〇〇〇名が子会社・関連会社に転籍したり退職をしたりしました。

またその時に、新しい会社創りをやりました。例えば翻訳部門です。私どもの会社には英語のマニュアルを日本語にする翻訳部門がありましたが、この部門を翻訳の会社にし、今までの部長を社長にしました。社員は翻訳会社に移り、給与はそれまでの約六〇％という形をとりました。新会社は、役員が六五〇万円出資し、日本ＩＢＭが三五〇万円出資して、資本金一、〇〇〇万円の会社を十何社か創りました。翻訳会社の他には、教育会社、パソコンの修理会社など今までの部門がそのような会社となってスタートをしました。多くの社員は会社を辞めたように見えますが、実際は給料六〇％の新会社に移動し、そこで退職まで勤めると、生涯収入は全体として同じようになるようにしてあります。

当時のＩＢＭは、会社に残る社員は給料がもらえないかも知れないが、退職社員には上乗せされた退職金が支給されるなどと、いろいろなことが言われていましたが、実際、会社を出て行く人をハッピーに、残る人は苦しくても一緒に苦労してもらおうという体制がとられました。

組織をスリム化するには、会社組織は階層構造になっていますので、私どもの会社も、係長、課長、部長にというように、報告が第一線から社長に届くのに七階層、八階層ありました。これを例外なしに中間層を外して四階層に短縮するという荒療治をやり、単純化しました。

一人の人間がコミュニケートするのは五人ぐらいが精一杯と言われていますが、当時社長にリポートする人を三〇名強にするほど階層を切りました。それでもトップが三〇名の一つひとつの仕事を全部押えるということはとても無理なことで、トップは誰にどのような仕事を与えるかということが重要であり、そこから先のオペレーションは任せるという時代に入ったと思います。

業務を単純化することは当たり前の話ですが、これを促進したのは社員のスペシャライゼーションです。どの社員も、自分がどのようなノウハウを持っているのかは、はっきりしています。要するに、ラインで部下を持つ人だけが偉いのではなく、スタッフで部下を持たないシステム・エンジニアのノウハウを持つ人が役員と同等の給料が取れるようなキャリアパスを設けました。当時はいろいろなスペシャライゼーションということで一つひとつのキャリアを作り、皆それに向けてチャレンジをして行きました。

一四～一五年かかって獲得するものをプロフェッショナルスキル、七～八年のスキルをスペシャリストスキルと呼ぶ体制をとりました。スペシャリティによってはラインよりも多くの給料がもらえるという体制で、今でもこの体制はとり続けています。

そしてこの変革の後で、「ＶＩＳＩＯＮ21世紀」ということで、北城社長のもとに、会社を大きく切り替えようと全社員に号令をかけました。まず、お客様志向の会社にしよう。そして、コンピューター技術の会社ですから、売らんかなのための会社では良くならないので、我々がリーダーシップをとって素晴らしい情報技術の会社であることを宣伝しよう。社員自身の風通しのよい自由闊達な会社にしよう、という三つの旗頭を揚げていろいろな施策を実施しました。

お客様志向というのは、お客様がどのような期待をし、どのような問題を感じているのかを吸い取る顧客満足度調査を行いました。どのような苦情でも「ダイヤルＩＢＭ」に電話をしてくださいということをいたしました。製品別などいろいろとお客様と直接ダイヤルで応答し、ご意見を吸い上げる機関を強化しました。当時は、電話での応答に対する疑義などいろいろありましたが、今では電話に限らずコミュニケーション・パス、チャネルをたくさん持っています。その中から頂戴したものをよく見ると、次のマーケティングに活かせるものがいろいろあると思います。

このようなことから、お客様満足度向上委員会というものを設置、毎月開催しています。第一線からの苦情、ダイヤルＩＢＭに来た苦情を分析して、答えは必ず二〇日以内に返すことを原則にしました。これはそう簡単なことではないですが、毎月の開催で九年間、一〇〇回を数えました。お客様満足度向上委員会には、社長は必ず出席しますし、傍聴には、パートナー会社からや、社内から若い社員を出席させるようなこともこの中のアイディアとしてやりました。

二番目の情報産業の変革をリードする会社というのは、ネットワーク・コンピューティングということで、e-ビジネスをしっかりやりましょう。そのための最大の価値を提供する仕組の再編成をし、誰がどういうスキルを持ってお客様のところにお伺いできるかということを見極めましょうということです。今は一人の営業マンがすべてを知ってお客様に対応する時代ではありませんが、ＩＢＭの持っている一番いい財産をいつもお客様に的確に提供したいのです。したがって、各々のスキルを持った人たちが、ダイナミックにどのようにお客様に応答できるのか、どのように横の知識を共有できるのかということに力を入れて、ＩＢＭの持っている各スキルを融合し、一番いいソリューションをお客様や市場に提供できるような仕組を考えようということにしました。単にＡというセールスマンが非常にできる、Ｂというシステム・エンジニアが非常に知識がある、というのではもったいないという発想です。

第三に自由闊達な会社というのは、組織の階層を減らしてフラットな会社になりましたので、上の顔がすぐに見られるようになりました。インダストリー特化型というのは、当社は製品を売っていますが、お客様の業務を知らないと製品が売れない、ソリューションが提案できないということで、金融とか、製造とかいうような業種別に特化した方法をとりました。地位については先ほどのとおり目標を設定し、また、コミュニケーションは、いろいろな手段で常にとるようにしました。以上のようなことが、ＩＢＭが一〇年前に苦境に陥った時にとりました諸施策です。

3　変貌する日本経済と企業経営

会社を良くしようという時は、いろいろなアイディアが出ると思いますが、本当に良くしないと会社がつぶれてしまうと思った時は、皆が一致同意することがわかりました。その時は全員が団結して、オフィスの掃除でも業者まかせにしないで自分たちでしようという気構えになります。

日本経済は、今景気がいいとか悪いとか言われていますが、第一に会社は景気がどうだということが言える時代ではなくなったと思います。企業の大小に関係なく国際的に非常に伸びている会社、大変だ、大変だと言いながら伸びている会社などたくさんありますが、ただ日本全体で、あえて言えば、過剰経済であると思います。一業種の中にある企業が多すぎます。その多すぎる中で皆が頑張って生きていこうとすると競争が熾烈化して、日本経済はなかなか変われないのです。

一企業の問題かもしれませんが、設備も人も多すぎ、いろいろなものが多すぎる時代に入りました。戦後は物が足りなくて頑張り、これに慣れすぎてしまい、多くて余りすぎた時にどう処したらいいのか、やはり日本人にはわからないという悩みがあると思います。

仕事を変え、企業を変え、セイフティネットをつくり、時間と金をかけて、今、日本経済の構造を変えなければならないと思いますが、いまだにこの過剰経済というのが初めての経験であるために、今までと同じように耐え忍ぼうという気持から抜けられないように思います。

競争のボーダーレスにより、国内外の競争は非常に激しくなり、一つの業種に対して国内外からの多くの参入があります。例えば、ソニーさん、イトーヨーカ堂さんも金融に参入しています。今まで当然違う分野だと思っていた企業が、国内でも新しい競争に加わったのです。これが二番目に言えることです。

三番目は、買い手市場は今まで物を作っている生産者、競争者側の理屈で、このような商品を出しましょうか、商品の数量はこのくらいにして、いくらの値段をつけて出しましょう、というのが、ものが足りなかった時のやり方です。今は、サプライヤー、供給側の理屈で値段をつけ、製品を出すのではなくて、消費者・需要者の要求で価格が決まっています。しかし、まだ切り替えのできない企業が確かにあるように思います。

労働環境はこれから大きく変わると思います。従来の日本の慣行とはずいぶん違ってきました。私どもの会社でも、専門職とかスキルとか、この人は何に一番強いのかとかいうことがわかりませんと、使い方も、他の人と共同作業することもできません。したがって、単に専門職だけではなくて、スタッフ職種も、その人が持っている経験と知恵は何かということを見極める時代に入ったと思います。これからの時代は、会社に就社するというよりも、就職をすることで職を持つこと、自分の手でできることを言う時代に大きく変わると思います。

労働環境が大きく変わる時代に入ると、今まで労働コストは固定費のように考えていましたが、これを固定費として放置しておく会社はなくなると思います。労働コストも変動費であるという感覚で捉える時代になり、これから競争激化になると思います。

ＩＴの利用というのは、競争力を生む企業とか、プロセス自体の生産性を上げるプロセスを作るとか、従業員の活力を生むとかということで、必須になってくると思います。このような中で、競争というものは、なければないほど、独創性があればあるほどコストはかかりません。したがって、これからもいろいろな企業が自分たちのユニークさを狙っていく時代であり、ナンバーワン、ナンバーツーを狙うという時代ではないのではないかと思います。優劣を決めるのには、大体三つくらいに絞られるのではないかと思います。例えば、アメリカには退役軍人だけの銀行があります。そのようなユニークさを狙うことをしないと、同じことをやっていたのではコストもかかってしまいます。

私どもの身の回りにあるラーメン店の例をとっても、はやっている店、はやってない店があり、やはりそこには何か違いがあるのです。そのようなことは至る所にあり、ユニークネスというものが、人間にも、ビジネスにも非常に重要な時代になっています。

それから、協業提携も重要です。ユニークさがなかった場合は、どこかと一緒になってバリューを生むということを、皆が一生懸命目の色を変えてやると思いますので、これからもいろいろな魅力あるもの同士が結びつくだろうと思います。提携とか協業する理由として基本的には四つあると思います。

一つは規模が大きくなるスケールメリット、規模が大きくなることで効率性が生まれますので一緒になりましょうということがあります。二つ目は、上下工程を一緒にしよう、ということで、例えば、自動車のような主製造部門と部品会社が一緒になり、お客様が歓迎しやすいいろいろな効果が出てきます。三つ目は、バリューをお互いに交換することで、自分の持っていないバリューを頂戴し、こちらからもバリューを提供することですが、私どもがソニーさんとやっていることは、ソニーのブラウン管技術を頂戴して、コンピューター技術を提供しています。このようなことは至る所にあり、必要なバリューを交換するということで提携することは、非常に重要なことです。最後に重要なことは、コストを下げるための提携です。このように四つに絞って提携したり、目的を持って連携したりすることは非常に重要ですが、ただ一緒になりましょうというのだけでは、非常に危険だというように思います。

次は、頑張っている企業の得意分野へのシフトです。私どもについても、フォーカスでお話ししましたが、自分たちの企業が一〇年前、二〇年前、五〇年前と変わっていないというのは、端的に言うとあまりうまくいっていないことです。市場も、人の価値観も変わってきている中で、企業のやり方だけ過去の成功にしがみついて同じことをやっているところがあれば、多分成長は非常に難しいと思います。

例えば、良い例なので名前を出しますが、警備保障会社のセコムさんですが、ガードマンの業務でそのまま手をこまねいていたら、大きなガードマン会社になってもそれで終わっていると思います。セコムさんは、その時非常に好調であっても、大きなガードマン会社を狙わなかったのです。目指したのは、生活産業、もしくは生活コンサルタントの会社として、医療、健康分野にも目をつけ、さらに進学・教育分野のネットワークを組み、今や、生活産業、生活コンサルタント企業にと中身はずいぶん変わっています。このように企業自体は中身もやり方も変化しています。日本で非常に優秀だった造船技術も、造船を続ける企業と、造船をやめてゴミ焼却炉とか、ドーム球場を造るのに造船技術を活かした企業の差は、やはり出ています。このように得意分野へのシフトは大きく変わって行くだろうと思います。

グローバルな経営資源の最適化ということについては、国も「ものの考え方」がずいぶん変わってきたと思います。各国でも、インドはソフト、アイルランドは組み立て、中国は生産、というように強みがあり、日本も強いものがいっぱいあります。お互いに強みを持つもの同士で経営資源を利用することは、国も、企業もありますし、個人にもある時代に入ってきたように思います。

4　ネットワーク社会の到来

これから大きく我々の目の前にあることは、これからはネットワーク社会になるということです。企業も今までと変わってきます。e‐ビジネス、インターネットというのは、たかだか一〇年の歴史ですので、自動車とかテレビなどの歴史から考えますと、非常に短いものです。

最初は、このようなネットワーク時代というのは、遠く海外などにある絵画をネットワークで自分のところに映し出すような、情報を引っ張ってくることに一生懸命だったのです。それが、「自分はこういう者です」と発信するようになったのがホームページのゆえんです。こちらから発信すると向こう側からも反応が返ってくるという、インタラクティブ、双方向で会話するようになり、大きくネットワークが伸びる時代に入ってきました。

第二段階ネット世代の新しい企業が、アマゾン・ドット・コムです。アマゾン・ドット・コムは本屋ですが、やはりネットワークには適していました。この企業がなぜ成功し、何を志向したのかといいますと、まず本は中身で勝負で、体裁を見るものではないということで、本屋の店舗をやめました。したがって、もう本を売る店員も場所も要りません。コストは下がり、その分価格を下げ、お客様をふやしました。

本の売上が伸びてうまく行ったので、今度はＣＤとかテープとか商品をふやし、さらにお客様をふやしました。そしてそのお客様のデータベースを構築し、このお客様はどのような本に嗜好があるのかということを掴み、新刊本を買いそうなお客様にデータベースを通じて話しかけることをしました。アマゾンの収益業績については いろいろと言われていますが、そのようなことよりも、まずマーケティングとしてお客様のデータベースを集積したこと、ネットワークコストを最低に考えたことなどから、これは新しい時代の素晴らしい着想であると私は思います。

ご存知のように、航空会社も衣替えをしているところがたくさんあります。航空券がネットワークで簡単に買えることは当たり前のことです。チケット・オークションで、一週間先にアメリカに行くのは従来の八割、翌々日利用するなら五割の値段で、というように売れるタイミング、可能性によって値段を自在に変えるようなオークション性も、ネットワークだからこそ初めてお客様とのコミュニケーションがスピーディにできるようになりました。また、お客様データベースを使って、過去どのような旅行をしているかということもわかるようになりました。

したがって、航空会社の先進的と言えるところは、飛行機を利用してくれたら、お客様にマイレージをサービスし、着いたところのレンタカー、泊まるホテルのご案内までする会社が出てきています。しかも、お金に換えられるマイレージサービスということで顧客の囲い込みをするようなこともしています。今までの航空会社は、中身は旅行コンサルタント会社というように大きく変わっています。

イギリスのセーフウェイという会社の例ですが、スーパーマーケットのような店で、食料品を中心に二万点の商品を取り扱っています。お客様に、今週は何を買いたいというデータを機械に入れていただき、セーフウェイはこれによって仕入れたり、売ったりするのです。お客様とのコミュニケーションにより、機会を損うことや在庫が多くなることがなくなり、その分、値段を安くすることができるわけです。

専門的になりますが、カスタマー・リレーション・マネジメントだとか、サプライヤー・チェーンだとか、取引先とのやりとりが非常に計画的になっているので、取引先でも安い値段で仕入れるための情報提供ができます。したがって、お客様との共同体を作ってネットワークで情報交換することで、お客様は安い買い物が計画的にでき、店は機会損失もなく、過剰在庫を抱えず、素晴らしいことをやっています。

パンヨーロピアン・フィッシャーリー・アソシエーション（ＰＦＡ）は、要するに大西洋の漁業組合のようなものですが、ここでは漁船が漁に出て、夕暮れになると自分の船は今日はマグロ何匹、カツオ何匹取れましたということを、船からセンターにインターネットを使って情報を送ります。それを見て、イタリアの漁港とかフランスの漁港とかが、漁船丸ごと競りにかけ、競り落ちた漁港に魚を積んだ船がそのまま向かうわけです。

非常にダイナミックで、間に入る人はいないし、鮮度はいいしということで、すでに動き出しています。

これからのｅ‐コマースには、まだ問題もあると思いますが、消費者には利便性は大きく、ネットワーク社会は好むと好まざるとにかかわらず我々の目の前にきています。ネットワーク社会は、まだ一〇年の歴史ですので、これからもプライバシーやセキュリティなどの課題を解決しながら進んでいくと思います。私どもＩＢＭでは、今いろいろなネットワークを使って、多くの企業にお話をしていますが、その中の適用業務で、現在最も伸びているのが、カスタマー・リレーションシップ・マネジメント（ＣＲＭ）とエンタープライズ・リソース・プランニング（ＥＲＰ）、それにサプライ・チェーン・マネジメント（ＳＣＭ）の三つです。

ＣＲＭは、先ほどお話しましたように、お客様が電話でいろいろな要求や希望を言ってきますので、電話で受け答えすることをしています。ボタンを押すことでお客様の履歴から何からすぐに出てきますので、それを基に対応しています。そのようなＣＲＭは方々でしていることで、お客様との関係を良くして行きます。しかも、そのデータをたくさん集めてシュミレーションしますと、市場や顧客がどのような嗜好にあるのかということがわかる時代です。

ＥＲＰは、単純にいうと日本の企業とか普通の企業では、研究所は今いくらコストがかかり、どう儲かっているか、工場ではどのような経理計算をしているのか、営業は、というように事業体縦割りの計算はできます。問題は一つの製品が研究にどのくらいかかり、製造にどのくらいかかり、販売にはいくらかかったのかというように、横に串刺しした捉え方には弱く、どんぶり勘定になっていることです。したがって、どの製品を止めてしまうとか、どのマーケットをやめるということに対して、非常にあいまいな感覚でものが進んでいます。一例ですが、エンタープライズ・リソースというものは、個々人にかかった、ヒト、モノ、カネのコストというのが、製品とか市場にどう展開されているのかを、ネットワークを使ってしっかりわかるような構成を作っていこうと考えているところです。

三つ目のＳＣＭは、一企業内の生産性よりも、できた製品を取次業者からお客様にお届けするのに、周りの関係するパートナー会社とともに生産性をあげることで、サプライ・チェーンとしてさらにコストを安くできるのではないか。こういうことをお互いにネットワークを利用して話し合うことは、これからも大いに進むものと思います。

それでは、個人生活についてはどうなるのだろうか、について少しお話をいたします。例えば学習については、これからはやはり生涯学習になるし、グローバルな勉強の時代になります。今後は、勉強するのは、ニューヨークだろうとロシアだろうと世界のどこであろうと、そこの一番素晴らしい先生の講座をネットワークで聴ける、安価に勉強できるという時代に間違いなく入ります。全世界の人たちが、居ながら自分のしたい勉強ができるようになるのは、そんなに難しいことではないわけで、これからの時代と蓄積によって、そのようなことが自在にできるようになります。

医療についても同じです。全世界で起きている医療ケースでも、あるところではこんな現象に苦労している、こんな施療をしたら良くなった、というような事例が世界中にたくさんあるわけです。そのようなデータをシュミレートして、Ａで行った素晴らしい治療を、Ｂにも施すことができる時代に入りました。もちろん個々に優秀な医者はいるでしょうが、一般的に普遍的にその経験、蓄積、知恵というものを渡し合い、分け合える時代になっていくと思います。

このように、ネットワーク時代での課題があるとはいえ、人間の幸せとか豊かな生活というものを、我々はネットワークを通じて手に入れられる時代になり、このようなものを供給する企業がこれから伸びてゆくと思います。それらを支える、いろいろな技術の進展も目覚しいものがありますが、情報技術については次のようなものがあげられると思います。

一つは、パーベイシブとかユビキタスとか言われていますが、非常に小さいチップが我々の身の回りに取り付けられるようになりました。例えば、オリンピック・マラソン選手の運動靴の下に小さなチップを着けておきますと、どの選手が今何キロのところを、いつ通過したのかということが克明にわかるのです。また、痴呆症の徘徊や、ペットの動物、自転車盗難予防などにも、今どこにいるのか、あるのか所在を明らかにすることができて有効です。

ユビキタスと言われているのは、神が至る所に遍在するという意味ですが、同じように至る所、あらゆるものに浸透します。例えばヒューマン・インターフェースとありますのは、パソコンなどはまだまだ使い勝手が難しいところがありますが、お年を召した方も、小さい子供も、目の不自由な方でも、人間のインターフェース、コンピューターのインターフェースが楽に使えるようになってきました。また、例えば、私がそこのドアに行きますと、私の体の形状を認識し、カードなどを入れなくても、その容態でドアの鍵が自在に開くようにできる。また、赤ちゃんが、サルとブタを絵本で見て、目がサルを見たらテレビにサルが出てくるというように、目線や目の表情、言葉というような人間の五感がそのままコンピューターに入るという、パーベーシブ・コンピューティングが進んでいきます。

それからディープ・コンピューティング。コンピューターの計算速度がどんどん速くなるということは、これからも重要になってきます。今は、〇・〇〇〇一％でもシミュレーションを多くするということは重要で、特にこれからの遺伝子の研究にはタンパク質をどのように作るかというシミュレーションの連続に、まだまだ計算能力が足りないのです。二～三年中には、ペタ・コンピューター時代（一秒間に一、〇〇〇兆の計算）になります。ついこの間までは、メガ・コンピューティング（一秒間に一〇〇万回、四則演算）になり、まだまだスピードが要求されています。

それから、オートノミック・コンピューティングというのは、コンピューター自体が自己管理機能を持つというものです。コンピューター自身が、ある計算をするに当たり、必要なコンフィギュレーションとして構成をどうあるべきだとか、最適な方法はどれだというように、構成や最適化を自分で判断します。故障が起きたら、同様な現象が過去にあったかどうかを調べて、どうすれば直るかを見つけて、自己修復します。自己防衛としてもウィルスへの対応を操作するというような、人間がいろいろ考えるのではなく、人間の手によらない、自律神経を持ったオートノミック・コンピューティングの時代に変わっていきます。

5　コーポレート・ガバナンス

最後に今日のテーマでもあるコーポレート・ガバナンスについてお話します。コーポレート・ガバナンスは解釈論もいろいろありますし、企業での捉え方も違うと思います。私どもの会社が窮地に陥り、いろいろな経営の手を打ったこと自体もコーポレート・ガバナンスの一つの例だと思います。もう一つ、通常言われているコーポレート・ガバナンスとして、日本ＩＢＭは今どうしているのかに触れたいと思います。言葉としてここ一〇年来言われてきていますが、企業の不祥事は多く起きています。企業の不祥事が起きているのはアメリカでも同じですが、残念ながら日本の企業というものの在り方が世界的に問われています。

これはＩＭＤというスイスの国際経営経済研究所が、いろいろと国際的な比較をしてリポートを発表しているものです。これの妥当性だとか計算の仕方がおかしいとかは別に構わないのですが、そのようなことよりも、日本のいろいろな指標が過去一位であったりしたものが一気に落ちていることです。政府はどうですか、教育はどうですか、経済はどうですかと聞かれている指標の総合点が、上位を占めていた日本が毎年毎年落ちてきて大変残念なトレンドになっています。調査の中にはいろいろな項目があります。例えば、株主に対する対応力とか、起業家精神というものなど、四九カ国の中で日本は四〇位です。日本は起業家という「業」起こす体質は惨憺たるもので、起業経営に対して日本は非常に悪い状況です。アジアに比べても総合競争力が落ちてきています。

このようなところで問われているのは、起業の経営がもう少し健全になるか、もう少し考える必要があるのではないかというのが、コーポレート・ガバナンスの根元だと思います。

コーポレート・ガバナンスとは何だろうとの解釈論もいろいろありますが、私は企業の健全性ということだろうと思います。企業統治などと難しい言葉を使いますが、要するに、今、企業が存続するということは、その企業だけの問題ではない時代に入りました。ある日企業が倒産したら、その企業にはお客様も融資関係の金融機関や取引先もあり、皆影響を受けます。このような企業を取り巻く関係者をステークホルダーといいますが、ステークホルダーがお互いに責任や関心を持ち合い、バランスを取り合って企業を支えることは非常に重要なことです。そのために、企業が不祥事を起こしそうになったら、それを事前にチェックし、お互いに牽制することも必要になると思います。

これからは一企業の関係先が広がり、企業、事業への投資とか、新しい研究開発とか、提携とか、買収とかいろいろなものが身の回りに出てくるかもしれません。そのような時に、それをどうチェックして、健全性をどう保持していくかということは非常に重要だと思います。

過去の日本的経営とか、アメリカ的経営とかと言いますが、日本的経営というのは必ずしも悪くはなかったのです。年功序列、終身雇用というのも、一人ひとりの従業員のロイヤリティをしっかり守るということで重要ですし、企業の株式の持ち合いというのも、安定性があってやはり重要なことだと思います。官僚システムを含めて、生産性を高めた日本の過去のやり方は、例えばドラッカーも高く評価しています。ただ、物が足りなくて頑張ってきた時代の会社の健全性と、物も余って、これから国際的に同じ土壌で戦う時の健全性は同じではなく、まだまだ問題があります。

私どもＩＢＭの例をお話しますと、社外取締役は一一名、経営執行役員は毎年取締役会で選ばれます。取締役会は、年に七～八回開かれますが、社内のＩＢＭ社員三名、他に大学の先生、起業家などいろいろな方がいらっしゃいまして、三菱商事の槙原会長も現在、社外取締役です。これは形のうえだけでなく、取締役起用統治委員会の指名によるもので、ルー・ガースナーを任命したのもこの委員会で、実際に活動をしています。

経営がおかしくなったらその経営者は代わるべきだ、ということでここに書いてあります付属委員会、監査委員会で、人事、役員報酬などは皆外部取締役の目を経て行われます。外からの目で見ないと、本人が悪いとか良いというのではなく、危険な可能性があるということです。取締役会とか監査役の目ということもありますが、やはり一番重要なのは、社員のコンプライアンスです。一人ひとりの企業の人間たちが、自分の持っている企業倫理とか、規範をどう守るかというのが非常に重要ではないかと思います。「企業は一企業のためにあるのではなく、社会のためにあり、周りの方々にサポートしていただいてあるのだ」という企業観を、しっかりと社員が持たないと、やはり企業だけのために動いてしまう可能性があります。

私どもＩＢＭでは、世界共通のプロジェクトとして、コンピューターの商売とは関係なしに、これからの小・中学校教育はどうあるべきかというテーマを全世界的目標として考えています。また、日本固有のプログラムとしては、障害のある方々の教育を考えようとしています。このようなプログラムは、企業市民としての役割を考えようというところから発しています。さらに、ビジネス・コンダクト・ガイドラインというものを作りまして、毎年一回社員に配り企業倫理の理解と徹底を図っています。環境対応も時代のニーズがあると思います。

私どもはこれからも、「社会とともに」をスローガンのもと、企業も社員も社会の一員であることを念頭に頑張ってゆく所存です。

（二〇〇二年一一月一九日）

第Ⅱ部

コーポレート・ガバナンスに学ぶ

第6章 取締役会の機能とコーポレート・ガバナンス

荻野博司
朝日新聞社論説委員

1　日本におけるコーポレート・ガバナンスの歴史について

日本の新聞報道において、コーポレート・ガバナンスが活字になったのは、そう古いことではありません。朝日新聞にその言葉が登場したのが一九九二年、日本経済新聞では一橋大学の竹内弘高氏が一九九一年に「経済教室」で紹介されています。一九九四年には「日本コーポレート・ガバナンス・フォーラム」という日本で初めての研究組織が発足しました。それ以前にも「会社ガバナンス」や「企業統治」という言葉は、学問の世界でこそ存在したものの、新聞や一般社会で使われる用語ではありませんでした。日本におけるコーポレート・ガバナンスの議論の歴史は一〇年あまりと言えましょう。それまでは、コーポレート・ガバナンスの問題について、考える必要はない、もしくは考えなくてもこと足りるという事情の裏返しであったのではないかと推測しています。

その後一〇年が経過して、コーポレート・ガバナンスの議論は飛躍的に発展しました。新聞での報道に限っても、二〇〇一年に紙面に登場したのは、「日本経済新聞」の四紙（日経本紙、産業、金融、流通の各新聞）で約四〇〇件、朝日新聞は約五〇件であり、〇二年はさらに五割以上増加しています。

世界に目を向ければ、先日米国のワシントンで開催されたG７の宣言の中に「コーポレート・ガバナンスの確立」が述べられています。国内の企業不祥事の際も「コーポレート・ガバナンスの欠如だ」というように、誤用も含めてですが、一般的に使われるようになってきています。

2　当時の日本企業の現状について

一九九七年六月にソニーが執行役員制度を導入しました。当時の会長であった大賀典雄氏が、取締役本人ではなく、そのご夫人方に私信を送ったという逸話があります。新制度を導入することについて説明するための手紙です。その内容は、「取締役会は商法上の要求を満たすとともに、ソニーグループの基本方針と業務の監督を行うため、社外取締役も含め、最適規模に改組する一方、経営の根幹である業務の執行は執行役員の方々にお任せすることになりました」とあり、「処遇、待遇は変わりません」と言った後、「奥様方におかれても今回の会社機構改革をご理解いただきたく、さらにいっそうご主人にご協力いただくことをお願いいたします。六月二七日、株主総会後の懇親会でお目にかかることを楽しみにしております」と結んでいました。これはある意味で、日本の取締役の役割というものを物語っていると思えます。

今でこそ、執行役員という肩書きは市民権を得ていますが、五年前までは、取締役の役割と業務執行との違いについて、あまり認識されていなかったということが、執行役員の仕事について、経営トップがわざわざ詳しい説明をした逸話からわかります。

3　コーポレート・ガバナンスとは何か

まず「会社は誰のものか」という点について考えてみようと思います。教科書流に言えば、「株主のもの」ということになるでしょうが、従業員や取引先、債権者などの多くの利害関係者と企業は関わりを持っています。それらの株主も含めた利害関係者の間で適切なバランスを取らなければ、会社を持続させることは難しいのです。そこで、取締役会や監査役会、株主総会などがそれぞれの役割を果たす手立てや、企業が健全に成長するための条件を探ることが求められるのです。

つまりコーポレート・ガバナンスとは、「多くの利害関係者によって構成される会社組織、特に大規模公開会社において、公正な経営を進めることで企業価値を高め、そこにおいて得られた利益や危険を、第一義的には株主に、さらには他の利害関係者、日本ではとりわけ従業員に、どのように適正に配分するのか」ということを考える仕組なのです。

また、日本取締役協会の初代会長であるオリックスの宮内義彦氏は、コーポレート・ガバナンスについて次のように述べています。「コーポレート・ガバナンスとは、会社が有事の際に、この経営者に会社を任せておいてもいいのかチェックできる機能があるかということだ」。これは、保険のような機能であると言えます。つまり、コーポレート・ガバナンスとは、会社がおかしくならないための備えだということです。これだけに収まるものではないにしても、一面の真理をついているように思います。

先ほどお話ししましたようにコーポレート・ガバナンスというものが、仕組、手立てや構造というものであれば、ソニーが率先したように社外取締役を入れ、執行役員制度を導入することで、執行と監督を分けるというものもコーポレート・ガバナンスの実践であるし、利益・危険をうまく分散させる仕組を工夫するというのもコーポレート・ガバナンス確立の一環であると言えるでしょう。

4 取締役会の機能

そこでポイントになってくるのは、社外取締役を含めた取締役会をどのように構築するのかという点です。株主総会も確かに重要ですが、コーポレート・ガバナンスの問題を考える場合は、通常、公開企業を念頭に置きます。数千、数万という株主を抱えており、そんな大人数で構成される株主総会には、事実上期待が持てません。そこで、取締役会の機能がポイントになってくるのです。まず、その機能について、日本型、米国型、ドイツ型の三つの類型を考えてみたいと思います。

日本型ですが、取締役会があってその脇に監査役会が置かれ、取締役会が会社を代表して行動する代表取締役を監督するという仕組です。ここが意思決定を下し、かつ上司である代表取締役を監督し、また仲間内の取締役の間でも互いに監督する。これが商法の定める仕組となっています。しかし実際には、別に常務会や経営会議というものがあり、そこですべて決定することが多いので、ほとんどの取締役は重大な決定には形ばかりの関与しかしないことになりがちです。

つまり、取締役会では、長らく上役であったような人が君臨し、そうした経営トップに対して多くの取締役は文句も言えないというような状況があり、多くの顔ぶれが並ぶために議論も進まない。そこで、もっと少人数で軽やかなものにしようということで、常務会などを作ることになるのです。

結局のところ、一部の人たちですべてを決めてしまうばかりか、代表取締役が取締役を選び、監査役についても、社長や会長によって選ばれるので、何か言うことを期待するのは難しいという問題があります。

次に米国型ですが、ＣＥＯの暴走という危険性があります。破綻したエンロンの場合もそうだったように、

ＣＥＯが非常に大きな権力を握る会社が少なくないのです。

また、取締役会は社内と社外に分けられ、一二人ぐらいの取締役のうちで一〇人が社外から、一方で社内出身者は二人程度という割合で構成されています。しかし、社外からの取締役というのは企業のトップが顔見知りの中から選任しがちで、監視役として役に立たない危険性があります。さらには、株主が行き過ぎた利益追求に走り、従業員を安易に解雇するような心配があります。

ドイツ型の場合は、日本とは違った意味の監査役制度があり、これは日本での取締役に当てはまります。その下に執行役員会があります。また、ドイツも米国も似たような部分があるものの、唯一の違いは、監査役会が、大企業なら従業員側の代表一〇人と株主側の代表一〇人というように、多様な代表で構成されている点です。議長は株主側から選ばれて、別に一票付与されるので、最終的には一一対一〇で決着するにしても、機能させるのがなかなか難しいという欠点があります。例えば、企業にとって極めて重要な工場閉鎖や人員整理といった決定事項について、組合に根回しする前に監査役会に議案を出したら、その瞬間に情報が漏れて社内は大混乱してしまうでしょう。

このように日本でも海外でも、取締役会というものが、企業の心臓部ではあるけれども、十全には機能していません。これまでは、日本は悪くて米国は良いということでしたが、エンロンやワールドコムのような事件を見ると、同じような問題点を抱えていることがわかります。

一九五〇年代にニューヨーク証券取引所は、各企業に社外取締役を二人以上入れることを勧めています。一九七八年には上場企業は監査委員会を持つことを義務付け、そこには社外取締役を入れなければならなくなりました。しかし、その監査委員会のトップに会計の専門家を迎えたエンロンで、大不祥事が起きてしまいました。人数さえ、格好さえ整えればいいというわけではないことがわかります。

5　取締役会の機能不全について

次に株主・投資家側から考えてみたいと思います。例えば、年金のケースですと、私たちのお金が年金基金などを通じて企業に投資されます。そこで、しっかりとした企業に投資されているかどうかが重要な問題となってきます。山一證券のような経営破綻が起きれば、その株式はただの紙になってしまうからです。そこで、そうならないため、しっかりとした経営チェックを求めたロバート・モンクスという人がいます。彼が一九九二年に「ウォールストリート・ジャーナル」に全面広告を出しました。その広告には〝NON-PERFORMING ASSETS〟と大きく書かれています。不稼動資産や不良債権の意味で、取締役が機能していないことを揶揄しています。これは株主に対して、現経営陣に反対する提案をするので、委任状を出してくれ、と呼びかける広告でした。このように取締役に対する批判は米国でも強いということがわかります。

日本企業において、取締役会がいかに機能しないかという実例に大和銀行事件があります。この事件で象徴的だったのは、問題が発覚した際に公表を差し控えたことで、事態がますます悪化していったということです。法律違反の罰金として三億四、〇〇〇万ドル（日本円に換算すると四〇〇億円）を支払うわけですが、このお金は大和銀行の株主から払ったこととなります。これに対する株主代表訴訟で、経営陣は二億五、〇〇〇万円を支払うことで和解します。ここで考えなければならない問題は、四〇〇億や五〇〇億円と二億五、〇〇〇万円との差額です。その分だけ大和銀行の株主が損をしたわけですし、大和銀行に私たちの年金や保険のお金が入っていなかった保証はなく、私たちにも何らかの影響がありえたということが言えます。

このように、取締役会の機能不全の問題がさまざまな形で露呈してきたのが現状ではないでしょうか。

6　取締役会改革について

平成一五年四月に商法が改正され、取締役会制度について米国型も一つの選択肢となります。この改正の狙いは、先述の大賀氏の手紙で述べられているような業務の執行と監督の分離にあると言えます。大和銀行のような事件が起きた時に、外部の目があれば、「隠しだてすると、会社が存続できない」というような世間の目も意識した良識に基づき取締役会が行動するのではないか、というところに狙いがあります。

ソニーが取締役の人数を一〇人にした時、日産自動車はその逆を行きました。日産自動車の当時の社長であった塙義一氏は取締役会を大きくしました。塙氏の考え方は、「日産自動車のように大きな会社においては、代表者だけ集めてしまうと、伝言ゲームが起きる。例えば、ある工場の責任者である取締役だけが出席して、その人が『わかった』と言っても、現場に持って帰ると全くそれを伝えなかったり、自分の都合の良いように曲げられたりする。意思伝達をしっかりとするためには、主要な人間を全部入れたほうがいい」というものでした。

現在、日産自動車の取締役の人数は、一二、一三人程度となりました。それについて、塙氏は「やはり四〇数人では、大きくかじを切るのはとても無理だ」ということを言っていました。例えば、ある会社が思い切ったリストラをするというような場合に、自分がその対象となっている部門の責任者であれば、取締役会では、議論を白紙に戻させるようにするでしょう。そのような行動を取らないと、職場に戻った時に、つるし上げられてしまいます。このようなことを考えると、取締役会のメンバーが多いことは、意思決定を非効率に、あるいはあいまいにする可能性があります。

アイワという名門企業をソニーに吸収した際のことを考えてみましょう。アイワは経営面では非常に苦しくなりましたが、九〇年代前半には海外で質が良く、安い製品を作るという非常に良い仕事をした会社でした。アイワ・モデルと称賛された時期もあったのですが、あまりにも海外に生産をシフトし過ぎて、国内の技術力が流出してしまいました。そこで、ソニーの中でも将来を嘱望されている人がトップとなり、立て直しを図りましたが、残念ながら、ソニー本社に吸収されることになりました。この議論の際に一番心が乱れたのは、「頼む」と言って人材を送り出した経営陣であって、決断が鈍りつつありました。その背中を押したのが、社外取締役だったのです。

7　社外取締役について

社外取締役制度の導入は、「たたき上げの忠実な役員が社長を支える」という従来型の日本の企業像からの大転換です。現在のところ、新制度導入を打ち出した会社は数えるほどであり、現状維持派が大勢を占めています。しかし、古い企業体質への風当たりは強いので、産業界をリードする企業が米国型に転換したら、他もそれに追随するものと考えられます。その際のポイントは社外取締役にあります。

社外取締役が導入されない理由について、まず、「社外取締役になる人がいない」という議論があります。しかし、日本コーポレート・ガバナンス・フォーラムの活動の中で社外取締役になりうる人材はたくさんいることがわかりました。例えば、この講座にもこのような夜の時間に、時間と費用を使って参加される方がたくさんおられます。また、強い正義感や豊かな社会常識をお持ちのリタイアされた方、実際に取締役や監査役に就いたことのある方、巡り合わせで社長にはなれなかったけれども優秀な方、というのは、日本中に多数おられるわけで、そのような方に取締役会に加わっていただけないでしょうか。

「社外取締役が本来の機能を果たすには、相応の資質が欠かせない。日本で導入に否定的な企業が多いのは、適当な人材が思い浮かばないからだ」という反論もあります。しかし、ここで問われるのは、業界情報や専門知識よりも、社会人としての判断力や正義感という部分です。エンロンの教訓でもあります。全米取締役協会のロジャー・レイバー氏は「社外取締役は年間二〇〇時間を仕事に費やせ」と言っています。これは社外取締役というのは名誉職や仲間内の仕事ではないのだというメッセージでしょう。

そのような意味においても、リタイアした後も向学心も含めて意欲旺盛な方々を社外取締役として起用することは、日本社会において十分にありうることです。例えば、融通が利かないといった批判はありますが、官僚というのも人材の宝庫であると言えるし、研究者なども適しています。

また人数についてはどうでしょう。大企業は、日本に一万社程度ありますが、一社に一人では何かあった時に困るし、委員会等設置会社であれば要件を満たさないことになります。そこで、最低でも二人から三人が求められます。必然的に二万人から三万人の候補者が必要ですが、他社の現役役員の登用や数社の兼務ということを含めれば可能でしょう。

社外取締役制度については、今後日本に定着するかどうかの議論が始まると思います。私は、それは十分に可能であるというスタンスに立っています。

経済同友会が二〇〇二年七月に、「企業競争力の基盤強化を目指したコーポレート・ガバナンス改革」という報告書を出しています。この中でも社外取締役の導入についても次のように述べています。

・最低限一人の社外取締役を取締役会に迎え入れ、企業経営に客観的な視点を導入できるようにする。

・社外取締役としては、企業経営の経験が豊富な他企業の経営トップ経験者はもとより法律、学術、国際関係といった専門家や消費者や地域の代表など、企業にとっての多様な利害関係人の声を代表する人材がふさわしい。また、客観的な視点を保持しやすい社外取締役は、経営の倫理的側面を監督評価するのに適した立場にある。この観点から、高い倫理性とともに、社会常識に対する深い理解と健全な判断力を兼ね備えた人材が望ましい。

この考え方は、これまで私が述べてきた社外取締役の像と多くの部分で重なるものです。

8　コンプライアンスとガバナンス

最後に法令の順守、コンプライアンスの問題について考えてみたいと思います。

不祥事が起きると、コーポレート・ガバナンスが悪いということが言われますが、それは正しくないと思います。なぜならば、コーポレート・ガバナンスというのは、公正に効率的に経営をどのように行うのかという話だからです。コンプライアンスは、それ以前の問題なのです。

まず、コンプライアンスというのは、企業は当然やらなければいけないことであり、これを軽視しながら、ガバナンスを議論することはナンセンスだと思います。社外取締役は、コンプライアンスについてチェックすることが重要で、まず社内の人たちで取り組まなければいけない問題なのです。

コーポレート・ガバナンスを行うためには、法律やルールを守るのが大前提となります。しかし、最近の企業の迷走ぶりを見ると、ガバナンスではなくコンプライアンスの段階でつまずいている例が少なくありません。会社法に詳しい久保利英明弁護士は「コンプライアンスは鉄道のレールのようなもの。ガバナンスはその上を、速く、安全に列車を走らせること」とたとえています。確かに、法律を軽んじる企業がうわべの組織を取り繕ったところで、遠からず転覆するだろうと思われます。

そこで、コンプライアンスはガバナンス以前に内部統制の仕組、つまりチェックの仕組を整えること、それから社員に、法律を守るという当たり前の意識を絶えず刷り込んでいく、また、違反の事実は社内にちゃんと伝わるパイプをつくることが重要であり、この段階の次にコーポレート・ガバナンスの議論がなされるべきであると思います。

（二〇〇二年一〇月一五日）

第7章

中堅・中小企業とコーポレート・ガバナンス

木下博生

財団法人経済産業調査会理事長

「中堅・中小企業とコーポレート・ガバナンスについて」という論題に私が感じたのは、もちろん中小企業関係の仕事を長いことやりましたけれども、どちらかと言うと、官サイド――官というのは官・民の官ですが――の面から見た仕事でした。しかし、途中七年ほど住友商事で実際に商売をやった経験があり、それは私にとっては非常に得がたい経験で、それ以降の仕事にも大変役に立っています。

民間企業で働いている時に誘われて、中小企業事業団へ移ったのですが、移ってみて、その事業団も一つの組織ですから、仕事をしているのを見ると、いったい何だろう、やはり経営というのがよくわかっていないのではないのかと思ったのです。そのようなことから、私の今までの経験を生かしながら、今日の論題について私なりの考え方を皆様方にお話したいと思います。

1　会社は誰のものか

まず大学時代に私が感銘を受けた本をご紹介します。私が法学部にいた頃の民法の先生で、法学部長をされていた我妻栄先生が書かれた『近代法における債権の優越的地位』という本があります。講義を受けながら、どんなことが書かれているのかとこの本を読んだら、なかなか面白いと学生ながらに感じたのです。

今から考えると、日本の経済社会は株式会社によっておおよそできている、その株式会社における経営の問題に触れた本でした。株式会社であれば、たくさんの人が株主として株式を保有しています。株式を分け合っている、つまりシェアを持って経営をしているので、会社の所有者はその株主なのです。それについて我妻先生は「所有者だけれども、所有者がその会社の日々の経営に口を出しているわけではない」と言っています。では、株式を持っている人は何のために持っているのかというと、株式を持つことでそれから配当をもらって収入にし、その株式を持つことの意味を考える。したがって、配当がたくさんもらえれば株価も上がるし、また自分の財産から得られる収益も増えるという意味で考えると、会社の経営に口を出さないで所有するだけであれば、一種の債権に近いものではないか、株式を持つということは法律論では物権ですが、これを債権に近いものとして捉えたのです。それが債権の優越的地位の一つのポイントです。

もう一つのポイントは、これは特に今世紀に入ってから顕著ですが、ドイツや日本ではお金を銀行から借りて株式会社を経営する。よって、銀行の経営に対する口出しの影響力が大きくなるという意味で、ここにもう一つ債権の優位性が考えられる。そうすると、株式も債権のような格好になるし、会社の経営のために必要な資金を銀行から借りるという意味では、銀行が経営に優位的な立場に立つということで、言ってみれば、最近よく言われる「所有」と「経営」の分離ということを説明した本が、この我妻先生の本だったのだと、今になって思います。

先日ジェトロ主催の経営セミナーで、「ドイツの経営と日本の経営」というテーマで、ドイツ人のいろいろな有識者との議論が行われました。それで見ると、ドイツの株式会社と銀行との関係は、日本の株式会社と銀行との関係に非常によく似ています。銀行が会社の株を持つと同時にその会社に金を貸すというのは、ドイツでも一般的に行われているとのことです。考えてみれば、日本の法律の根拠は、最近は英米法の影響を受けていますけれども、基本的にドイツ法からきているので、おそらく我妻先生もそのようなドイツの考え方が頭にあって、このような本を執筆されたのではないかと思います。

2　日本型経営の特色

それでは、日本型経営の特色ですが、これは確かにドイツ型経営とやや似ています。まず、「企業」と「雇用」との関係ですが、日本の場合には終身雇用制で年功序列型賃金というものを、四〇～五〇年にわたってずっと保持してきました。また、大部分の役員は内部から登用されます。外部の人ももちろん少しはいますが、一般的には内部の人の中で認められ、成功した人が経営陣に入っていきます。ドイツの場合も、雇用を守ることに非常に力点を置いた経営をやっているので、その点日本と似ており、一つの会社に入ったらあまり動かないという意味で、日本型経営と似ている面があります。

「社長と平の社員の小さい賃金差」というように、学校を卒業して会社に入った時にもらう給料と、その会社の社長の給料とでは、少ないところで一〇倍、多いところでもせいぜい二〇倍ぐらいの差しかないということです。もちろん、特別なオーナー経営者で大きな収入を取っている経営者の方もいますが、一般的にはそのぐらいの賃金差です。日本も戦前はいわゆるオーナー経営者の会社が多く、初任給の賃金とオーナー経営者の賃金差は一〇〇倍ぐらいというのはよくあったと思います。しかし、最近はせいぜい一〇～二〇倍ぐらいの差です。それだけ、日本の会社には社会主義的な感じがあります。

「会社人間と共同体的な企業カルチャー」と言いますが、最近は状況が変わってきてはいますが、一回会社に入ったらその会社に一生勤め、退職したら退職金をもらって、年金をもらってやっていくというのがまだ一般的です。会社に病院があったり、場合によっては学校のようなものまである。そこまでいくと、中国の国営企業とやや似ている面があるのです。

資金調達という面では、会社で必要な資金は銀行から金を借ります。そして、銀行からお金を借りる時に担保を出します。日本では終戦以来土地の価格が上がり続けてきたので、担保力は十分にあるということで、その土地を担保にしながらお金を借りて経営をやっていました。その会社に、主に貸し出す銀行をメーンバンクと言いました。最近は非常に批判を受けていますが、銀行とそのような事業会社との間で株を持ち合って、持ちつ持たれつの関係をつくり上げているというのが多かったのです。もちろん株式会社なので、株式や社債も発行しますが、そのウェイトはどちらかと言うと、後で申し上げるアメリカに比べれば低いものでした。

なお、最近日本信販という会社で総会屋の問題が起きていますが、一般的には、株主総会というのはできるだけ短くすませるのが好まれていました。そのような社会ですから、総会屋が出てきて「何かいろいろ質問をするぞ」と言えば、何か見返りを得られるというようなことが、戦後非常にはびこり、七〇年代から八〇年代にかけて商法の規制を非常に厳しくして、このようなことをやめるようにしました。それは結局、株主総会を企業の経営者自身がそれほど重視していなかったということではないかと思います。そのような経営哲学の裏にはどのようなことがあったのかと言うと、日本の高度経済成長があったのです。土地の値段も上がる、会社の規模も大きくなり売上も伸びていくということを前提として、労働者も一生そこで勤め、取引先との関係も続けていくということをやっていたのです。言ってみれば、ある意味では資本主義とは言いながらも、社会主義的な経済社会であったと言えると思います。

3　アメリカ型経営の特色

アメリカの場合には、柔軟な雇用関係ということで、一生一つの会社で勤めるということは従業員もあまり考えないし、会社としても必要があればいつでも解雇するという雇用制度で、能力があれば能力に応じて若くても高賃金を出す。また、役員も外部からの優秀な経営者を役員として登用するということがあります。最近の『日本経済新聞』に、ＩＢＭの会長をやって辞められたガースナー氏の「私の履歴書」が掲載されています。非常に面白いのですが、ＫＫＲ・ナビスコというほかの会社で経営をうまくやっていたこの人を、経営が危機に陥っていたＩＢＭが引っ張ってきて、経営建て直しに成功したというのです。アメリカでは外部から役員が来るのは当たり前です。また、日本では最近よく、「アメリカは社外役員制度があるから、コーポレート・ガバナンスがうまくいくのだ」と言われています。

ところが、私自身住友商事にいた時にアメリカの会社の取締役をやりましたが、取締役会に出た際、アメリカ人の取締役に次のような話を聞きました。社外役員になる人はあるＡ社の社外役員になっていると、Ｂ社からも頼まれ、Ｃ社からも頼まれることが多い。有名な経営者になると、五つも六つもの会社の社外役員をやっている。社外役員同士で仲間になると、お互いに別の会社を紹介したりして、一つの社外役員の社会というのができ上がっていて、なあなあでやっている面もあるというのです。

したがって、社外役員制度というのがうまく機能しているというのは必ずしも全体を表しているものではないと私は考えています。社外役員になると、年に三万ドルから五万ドルぐらいの給料をもらいます。五つやれば一五万ドルから二五万ドルもの収入があるから、それだけでうまくやれるというような感じなのです。

なお、社長と平社員との給与差は、クルーグマンというＭＩＴの先生が執筆した本に書かれていたと雑誌で見ましたが、アメリカの上位一〇〇社で、一九七〇年代には平社員と社長との賃金差は三九倍でしたが、現在はなんと一、〇〇〇倍に達していると言います。三万ドルから五万ドルの給料をもらっている普通の社員がいる一方で、三、〇〇〇万ドルや四、〇〇〇万ドル、一年に何十億円と給料をもらっている社長はたくさんいます。

よって、この一〇年間にアメリカは経済繁栄をしましたが、所得格差は日本などとは比べものにならないくらい広がってきているのです。

アメリカのGEで会長を長いこと務められたジャック・ウェルチ氏は、奥さんとの離婚問題で離婚訴訟が起こったために、個人の財産や所得内容が明らかになったのですが、会長を辞めてからも月に一四〇万ドルの収入があります。辞めた会長に月に一四〇万ドルも支払う企業は、日本ではないと思います。

資金調達については、日本とは反対で、もちろん銀行からお金を借りますが、株式市場で直接金融という格好で資金を調達するというのがベースになっています。経営哲学については、アメリカの場合は、短期の利益を実現して、株式時価総額をできるだけ重視していくという姿勢です。株価を上げれば株主にそれだけ報いることになるので、株主としてもできるだけそれを要求していく。そうすると、会社でうまく経営をしている人に高い報酬を出しても、うまく経営して儲けてくれれば会社として助かると考えます。本当は儲かっていないのに儲かったように見せたエンロンやワールドコムなどは、結局日本で言われる粉飾決算をしていたということで、最近いろいろと批判を受けるケースも出てきました。

また最近、アメリカの新聞や雑誌において、シティグループのワイル会長がいろいろ批判されています。シティグループの中の証券会社部門グループにいたクラブマンというアナリストが、ATTの会社の株の評価を「中立的」なものから「買い」のほうに変え、その時に、彼が自分の双子の子供をアメリカのイーストエンドの最高と言われている幼稚園に入れるために、どうしても人の紹介が必要で、その幼稚園に入れてもらうために、ワイル氏が何か口利きをしたとのことです。結局このアナリストは、利益相反の問題を起こして、辞めてしまいました。アメリカの企業では、このような不祥事が起きているのも事実ですが、これらは例外であって、一般的にはそれぞれちゃんと経営は行われています。

アメリカでは会社の社長や経営者、あるいは部長レベルになると、ストックオプションをもらい、会社の株価が上がったら、それだけでものすごい収入になるということがありました。エンロン事件では社長をやっていた人が、自分の会社の経営が傾きかけているのに、まだ市場価格で割に株価が高かった時に、その会社の株を売り抜けたというのです。私がいた住友商事などは、「会社の株を役員株主会で買ってもいい。しかし、一切売っちゃいかん」と言われて、少しずつ買い増して辞めて売ろうかと思ったら、「一年間はやはり、インサイダーの問題があるから売っちゃいかん」と言われて売らなかったということがあります。そのように日本の会社は、ある意味では厳しい面も持っております。

4　日本企業同士のシェア競争

日米間には経営理念にそのような差があったために、一九六〇年代以来いろいろな経済摩擦が起こりました。第一番目として「日本企業同士のシェア競争」ということがあります。私は一九六〇年代の中ごろにベルギーで勤務したことがあり、また一九七〇年代の初めにアメリカで勤務したことがありますが、そこに物を売ったり、工場を進出したりしている日本企業がたくさんあったのです。ベルギーにいた時には、例えばボールベアリング、自動車の車をうまく回転させるベアリングを売っている会社が日本に数社ありまして、ベルギーにそれを売っていました。その時にどのような売り方をしているのかと聞くと、A社が例えばベアリング一個一〇〇ドルで売るとすると、B社は「A社よりも五%引きで売りますから買ってください」と言って売るのです。A社がいくらで売っているかということはあまり重視しません。A社に勝つためにA社よりも少し安くして、それで買ってくれということで、シェア競争をやっていたのです。

その結果、どのようなことが起こるかと言うと、シェア競争をやるために競争しながら売上げ量を争っていくことになる。景気のいい時だとそれぞれが儲かるのですが、景気が悪くなると儲からない場合も出てくる。儲からない場合に会社の経営はどうするかといったら、高度成長時代なので持っている株の株価も上がり、持っている土地の価格も上がるということで、非常に苦しくなったら株や土地を手放して、その利益を損に充てる。そうすると、二、三年たつと景気が良くなり、また物がどんどん売れてもうけが出るので、それで過去の損は取り戻すということを繰り返してやっていました。したがって、過当競争輸出としてアメリカやヨーロッパからさんざん批判を受けたのですが、結局、日本の企業同士のシェア争いというのがその裏にあったのです。

最近では、日本の鉄鋼メーカーがアメリカやヨーロッパでダンピングで訴えられたのですが、過去二〇～三〇年にわたってダンピング問題でやられたことがある会社でありながら、また国内よりも海外で安く売るダンピング競争をする傾向から脱しきれていない。国内では比較的高く売れるような日本の経済体制ができているので、国内で高く売って、もうけた利益をもとに海外でシェアを広げるために安く売るという企業がたくさんありました。それをずっと続けていたために、アメリカやヨーロッパから大きな批判を受けることになったのです。

5　アメリカの対応や要求

二つ目の「アメリカの対応や要求」ですが、さまざまな商品についてアンチ・ダンピング措置や輸出自主規制などを要求したのが、一九六〇年代、一九七〇年代、一九八〇年代の歴史でした。その間、一ドル三六〇円では日本円が安すぎるので円を上げろということでニクソン・ショックがあり、一九八五年のプラザ合意では一ドル二四〇～二五〇円だった日本円が今では一〇〇円から一二〇～一三〇円になっており、円・ドルレートの動きにはそのような要求が背景にありました。

八〇年代には、「銀行の自己資本に関するＢＩＳ規制と持ち合い株式の問題」が浮上しました。日本の銀行の不良債権問題の根因ともなる自己資本規制の問題でした。日本の銀行が外国で貸出しを増やしてさんざん暴れまわるので、それを抑えるために自己資本比率を規制しようということになりました。日本の銀行は、その時に持っていた事業会社の株式に含み益がありましたから、「含み益を自己資本に入れたらいいのではないか」と言って交渉した結果、含み益の六〇％か四分の三を自己資本に入れていいということになりました。その結果、日本の銀行は含み益を自己資本に入れて、引き続き貸出しを増やしていきました。こうした一九八〇年代のつけが、一九九〇年代の株式下落で、逆に負担になり、二〇〇〇年に入っての不良債権問題につながるのです。

またアメリカは、日本に対して、もっと国内のマーケットを大きくすべきではないかというような、内需の拡大を要求し続けました。

現在の日本の不良債権問題などは、もともとはこのアメリカの要求に基づいて円・ドルレートを三六〇円からずっと切り上げていったプロセスで、アメリカが日本に執ように「金融を緩めて景気拡大しろ」と要求したことに起因しているのです。それが、ちょうど土地の値段がずっと上がる時期と重なり、バブルとなった。アメリカの要求に日本政府が応ぜざるを得なかったのがバブルのもとだったのです。それが今になるとアメリカは、「日本の経済運営のやり方はおかしいから、こう直せ」と言っています。結局、日米の経済体制は、経営理念の差がこのような面で現れて、実際に我々の生活にまで影響を及ぼすようになっているのです。

6　日本の経済社会における中堅・中小企業

そこで本題に入りますが、「日本の経済社会における中堅・中小企業」というのが、日本の経済の中でどのような位置付けになっているかを、まずご説明したいと思います。

中小企業の定義というのは、中小企業基本法という法律において定められており、つい二、三年前に、再び改正されました。製造業や建設業などは資本金が三億円以下か従業員が三〇〇人以下、卸売業は資本金が三億円以下か従業員が一〇〇人以下、サービス業は資本金が五、〇〇〇万円以下か従業員が一〇〇人以下、小売業は資本金が五、〇〇〇万円以下か従業員が五〇人以下です。資本金もしくは従業員数のどちらかの要件を満たせば中小企業の定義に入ることになっています。

日本の場合には資本金基準と従業員基準との二つがありますが、外国は主にどちらかと言うと、従業員基準が多いです。例えば、アメリカでは業種の違いはあまり考慮せず、五〇〇人以下の企業を中小企業と言います。日本では、昔は資本金の基準はもっと小さく、製造業の場合は一億円だったのですが、最近三億円に上げられました。これは、日本の経済成長や過去何十年における貨幣価値の変化というのを表しています。

それでは、そのような中小企業が日本の中でどのくらいウェイトを占めているかというと、企業の数でなんと九九・七%が中小企業で、従業員の数で約七割が中小企業ということです。外国で中小企業がどのくらいウェイトを占めるかというと、アメリカやヨーロッパ、アジアもほぼ同じで、大体九八%、九九%は中小企業です。また、従業員の数は七割ぐらいだということです。先日、カナダの政府の人が「カナダの場合には、従業員五人以下の企業で働いている従業員の数を全部足すと七割を越す」と言っていたので、日本よりも企業規模が小さいと思いました。

それでは、中堅企業というのはいったいどのようなものか。日本は法律では中小企業より大きいものは大企業と定義され、中堅企業という定義はありませんが、これらは、言ってみれば、中小企業が成長して大きくなったものです。例えば、ソニーは、戦争直後の昭和二〇年代に、倉庫のような所で工場を始めた東京通信工業という小さな会社が、今の大企業まで成長したものです。また、松下電器は、松下幸之助という方が、戦前に自転車のランプを造るために始めた会社からスタートしました。トヨタ自動車も、トヨタ自動織機という織機を造る会社からスタートしました。これらはみなベンチャー企業なのです。よって、大企業と呼ばれる日本の企業は、中小企業から中堅企業になり、そして大企業、大大企業になったのです。

「浜松ホトニクス」という会社があります。今年ノーベル物理学賞を受賞された東大名誉教授の小柴先生が岐阜県の鉱山の中で、スーパーカミオカンデというニュートリノの観察施設を造られました。その観察の結果、ニュートリノの性質を発表されて、それがノーベル物理学賞になりましたが、そのスーパーカミオカンデの鉱山の中に入れる機器を造ったのが浜松ホトニクスという会社で、これなどは典型的な中堅企業と言えると思います。

7　日本の中小企業、中堅企業の特色

そこで、このような日本の中小企業、中堅企業がいったいどのような特色を持っているのかをお話したいと思います。自動車のような大きな製品を中小企業が造るというのはなかなか難しいのですが、いわゆるニッチな商品、その自動車で使われる部品の中で特定の部品については、その企業が一番技術が高く、その企業が造

れば、自動車会社の需要がおおよそ賄えるというものを造っている企業が非常に多い。すべての中小企業、中堅企業がそうだというわけではありませんが、素晴らしい中小企業、中堅企業の中にはそのような企業がたくさんあります。地方にある中小企業、中堅企業の工場へ行かれるとびっくりされると思いますが、非常に精度の高い、品質の高い物を造っています。そして、そのような企業に限って、日本の中でほとんどその商品について独占的な地位、あるいは七、八割のマーケット・シェアを持っています。世界ではどのくらいのシェアを持っているかというと、世界でも四、五割のシェアを持っているのです。

例えば、大企業になった会社で、日本電産という会社が京都にあります。この会社は、コンピューターのハードディスクドライブのドライブ部分を造っている会社です。創業者は職業訓練学校を出た方で、モーターを造るのがとても好きで、ある会社に勤めていたのですが、一九七〇年代に独立されて、事業を興したのです。非常に良いモーターを造ったのですが、日本では、新しい企業が造ったモーターがいくらいいと思っても、「あなたみたいなどんな会社かわからないところからは買えない」と売り込みに行った企業からは相手にされませんでした。しょうがなくアメリカに売りに行くと、本当に立派な製品を造れる能力のある会社と見ればそこから買うということで、アメリカの企業がまず買い始めた。つぎに日本の企業が「アメリカの会社が買っているのなら、おれも買ってやる」と言って、日本の企業が買い始めたのです。日本電産は、日本だけではなく、世界でも非常に大きなシェアを持っています。

私が住友商事にいる時に、ある日本のベアリングメーカーの同種の商品を我々が販売させてもらっていたのですが、結局、日本の大企業でもこの日本電産にはかなわなかったのです。今でも日本電産の社長は、朝七時ごろから会社に来て一一時ごろまで毎日会社にいて仕事をしています。最近はM&Aで、日本のモーターの会社、東芝のモーター部門だった芝浦製作所を買収しました。

このように、特定の商品では大きなシェアを持っている会社が中小企業や中堅企業にもたくさんあります。このグローバル化した世界の中で競争していくには、結局シェアを大きく持って戦っていかなくてはいけません。日本の半導体メーカーが負けたのは、シェアを大きく維持していた時代はよかったのですが、韓国や台湾、あるいはアメリカの企業からシェアを食いつぶされて減っていった途端に、競争が激しくなり、ついにかなわなくなったのです。

8　中小企業はどのようにできるのか

このような中小企業がどのような格好でできてくるのかということに移りたいのですが、その前に資料をご説明したいと思います。通常、中小企業庁や日本政府は中小企業者の統計を出す時には、総務省の事業所統計をベースにして作っています。それをベースにして、中小企業庁などはよく「日本の企業はどんどん数が減っている。廃業が多くて、新しい創業が少ない」と言っています。確かに総務省の事業所統計を見ると、一九八六年に企業の数は五三〇万あったものが、一九九九年には四八〇万に減っています。この統計の数字をそのまま信じてはいけないと私は思います。

なぜならば、この統計をどのように作っているかというと、統計調査員がそれぞれの地域を分担して歩き回って、「ここにどうも会社があるみたいだ」という格好で調査をしているのです。ところが、自分の部屋でコンピューターを使って仕事をしているような人が、たくさん増えているのが現実です。そのような人たちは事業所として表に何の看板もかけていない人も多く、そのような人が統計から抜けてしまうのです。

そこで、青色申告をしている人を税務の統計資料で見ると、その数は国税庁の統計で言うと、八五年は三八〇万だったものが今では四七〇万になっています。また、財務省が今でも法人企業統計調査というのをやっていますが、その統計を見ると、法人の数は二〇〇万から二八〇万に増えています。したがって、法人、個人合計の数は五八〇万から七五〇万に増えており、総務省の事業所統計とは逆の傾向をたどっています。この数には、青色申告をしている個人だけが入っているので、青色申告もできないようないわゆる個人事業主というのが別にいます。税務統計を見ると、儲かって事業所得があると申告している人が一〇〇万ぐらいいます。これを足すと八五〇万になります。また、事業はしているが儲かっていない個人企業主もたくさんいるはずでして、これらを全部足すと企業の数は九〇〇万から一、〇〇〇万ぐらいになるのではないかと思われます。

アメリカでは企業がどんどん増えていて、アメリカの中小企業庁は、個人事業主と法人と合わせて二、三〇〇万の企業があると言っています。このアメリカの統計は税金の統計をベースとしています。よって、アメリカの国税庁――Internal Revenue Service（インターナル・レベニュー・サービス）というところで取った統計をもとにして、中小企業の統計を出しています。

日本の中小企業の数をアメリカのそれと比較するならば、この国税庁の統計を使ったほうがよいと思いますが、日本ではどういうわけか総務省の統計を採用しています。そこでは企業の数が減っていると言うのですが、今申し上げたように、私は個人で事業者として働いている人も含めて企業の数は減っていないと思っています。もちろん日本では創業が少なくて、ベンチャーを育成しなくてはいけないと言われているのも事実でしょうが。

そこで、中小企業がどのような格好でできていくかという話をします。ある個人が企業を始める場合、これは株式会社や有限会社などの法人形態を取る場合と個人企業のままでいる場合とがあります。私は個人がこうやって会社を始めていく、いわゆるオーナー経営というのが資本主義の原点ではないかと考えています。

日本の場合、すぐに株式会社になって、さらにその株式を上場して上場会社になるというケースは非常に少ないです。日本の上場企業の数は二、〇〇〇とか三、〇〇〇と言われていますが、さっき申し上げたように、法人企業だけでも二〇〇万、三〇〇万あるので、ほんの限られた企業しか上場していないことになります。そして、自ら経営して、儲けて事業を拡大していける限りにおいては、あまり日本の経営者は上場しようということを考えませんし、できるだけオーナー経営であり続けたいという人が多いのです。法人になったり、上場したりというのは、企業の社会的評価を高めるためである、と考えている人が非常に多いと思います。

中小企業総合事業団にいた頃、地方で中小企業の経営者の方といろいろ話をした時に、ストックオプションが話題になりました。すると、個人的には有名で、中小企業団体でも理事長か副理事長をやっている人が「ストックオプション」という言葉を知らないのに驚きました。このようなものだというような説明をして初めてわかるくらいで、オーナー経営のままでうまくいく限りは、できるだけ自分あるいは自分の家族の影響力を残したまま経営したいという人が非常に多いのです。ただ最近は、息子さんが自分の事業を継がなくなり、後継者がいないという問題が起きるケースが増えてきました。

資料を見ると、創業者数は日本やフランスで減っていますが、ほかの国は増えています。創業率がせいぜい四%ぐらいで、しかも創業より廃業率が高いというような数字が出ています。アメリカの企業と比べると、アメリカは確か創業率は一二～一三%に達し、絶対的にアメリカと日本との間に違いがあります。傾向としてはそのようなことが言えるかもしれませんが、この数字は先ほど述べた事業所統計をベースにしており、これだけで判断するのは適当ではないかも知れません。

なお、中小企業が経営する場合には、結局、経営資金は銀行から借り入れる場合が非常に多いです。そして、銀行から借り入れる場合に担保を出さなくてはいけない。あるいは、社長が個人保証することを銀行から要求されます。そうすると、社長さんは自分の体を担保にしているわけで、もし経営がうまくいかなくなったらよく自殺される経営者がいますが、場合によっては、自分の保険金で一部借金を返してくれというようなことまでやる人も出てくるのです。個人保証を要求することで、銀行としては担保と個人保証があるから、この企業は安全だから貸しましょうという格好で貸していたのが、現在のように担保価値が下がり、経済が悪い状態が続くと、中小企業向け貸出しの大部分は管理債権とか言われるようになってしまうというのが現状で、それを補うために信用保証協会や政府系の金融機関からの支援が行われています。

9　事故率の上昇

信用保証協会は各都道府県にあり、その地域の信用保証協会の運営主体はそれぞれの都道府県庁です。県庁が中心になって運営しているので、どちらかと言うと官の運営になっています。政府の指示に従ってやるという面でプラスの面もありますが、最近では信用保証協会自身の経営も非常に難しくなってきております。借りたものは返すというモラルの低下が最近深刻な問題になってきています。一九五〇年代、一九六〇年代には、中小企業の経営者は、非常に苦しくても借りた金は何とかしてがんばって返すという風潮があったのですが、それが最近衰えてきています。大企業が何千億円と借金棒引きしているのを横で見ていたら、「おれはたった三、〇〇〇万円借りたのを、期限どおりちゃんと返す必要があるのだろうか」という気持になるという面もあると思います。

信用保証協会が従来保証していたものの返済不能の事故率というのは、日本では一・五％から二％ぐらいでした。ところが、最近は非常にその事故率が高くなってきています。数年前、イスラエルに行った時にイスラエルの中小企業庁長官と話をして、日本の信用保証の事故率が一％か二％だと答えるととてもびっくりして、自分の国は十数パーセントだと言っていました。イスラエルにはユダヤ人の商人がたくさんいて、お金はちゃんと返すのではないかと思ったのですが、そのようなところでも事故が多いのです。アメリカでももちろん事故が非常に多くて、事故が多いということは保証料率が高くなるので、保証を受けるのにもやはり相当負担が高くなっています。日本もそろそろ欧米並みになってきたと言えるかもしれません。

銀行の指導力の低下というのがあります。昔は銀行から金を借りて一生懸命仕事をすると、そのうち銀行が経営をちゃんとやっているかどうかチェックしに来たりして、銀行の指導力が非常に強く、場合によっては経営陣の中に銀行出身の取締役を入れることもありました。

それが最近、銀行自身も自らの経営に自信がなくなってきたということもあって、メーンバンクがこの銀行だから大丈夫だと思えるような時代ではなくなりました。それ以前、借金を中心にして経営をやっていた時代の中小企業のコーポレート・ガバナンスは、どちらかと言うと、銀行が責任を負っていました。オーナー経営者が経営をうまくやっている時には、従業員もうまく使うし、また従業員もうまく育て、それから従業員との間の意思疎通、コミュニケーションもうまくやります。そのような格好で経営しているオーナー経営者が、結局その会社を伸ばしていっていたので、コーポレート・ガバナンスの中心はオーナー経営者にあったわけです。しかし、銀行から影響を受けるような苦しい経営になってくると、コーポレート・ガバナンスは銀行に移ってくるということではないかと思います。

資本市場からの資金調達ですが、上場したがるという会社ではオーナー経営者はいません。私の郷里の熊本で非常に優秀な経営をしている中小企業がありますが、上場する気はないとその会社の社長がはっきりと明言しています。必要がない時には必ずしも上場しません。ところが最近は、会社を興したところで最初から将来上場することを考えて会社を興す、いわゆるアメリカ的なベンチャー企業を興す企業が増えてきているのも確かです。日本興業銀行を辞めて、インターネット・ビジネスを始めた楽天市場の三木谷氏は、会社をつくった以上は自分の金も入れたけれども、何年かたったら上場しようと思い、うまく上場して上場益を得ている。最近は確かにこのような人たちもいます。

ただ、そうやって非常にうまくやっている方々もいますが、資本市場から資金調達してうまくやるということだけをねらったために、ある時期は非常にうまくいったけれども突然つぶれてしまう例もあります。

10　ベンチャー・キャピタルの能力不足

「ベンチャー・キャピタルの能力不足」についてですが、アメリカでは、自分で経営をしてお金持ちになった人が、周りを見て面白そうな経営者が経営しているのに自分が出資して株を買うという、いわゆるエンジェルという形態の投資をするベンチャー・キャピタルがあります。一方で日本では、そのような企業は非常に限られていて、株式を発行しながら経営を進めていきたいという、新しい経営をやろうというタイプの人たちに金を出すのは、言ってみれば、銀行からそのベンチャー・キャピタル会社に出向になった人とか、証券会社から出向になった人がベンチャー・キャピタルになっているのです。そうすると、経営者とも言えないくらいのサラリーマンですから、中小企業の難しい経営をその人がうまく指導しながらお金を出していくのはなかなか難しいことです。日本では今、金も出すが口も出すという、エンジェルというものが増えることが期待されていますが、それだけのリスクを負ってやるような、起業経験のあるお金持ちというのはなかなかいないので、難しい問題なのです。

アメリカでは、創業して株式をそのようなエンジェルから出資してもらって経営している人は多いのです。

そのような企業に出資しているエンジェル役のアメリカ人にきくと、毎日電話をかけて「おまえのところは、今はどうなっている？　ちゃんとやっているか？」ということを聞いているとのことです。そこでびっくりしたのは、創業者である経営者でありながらも、経営をうまくやっていないと解雇してしまい、もっと能力のある人を連れてきて、その会社の社長に据えて経営をやらせるということまでやっています。創業経営者だったらいつまでもその会社の社長にあり続けられると思うのは、アメリカの場合には必ずしも正しくないことなのです。日本でもこのような仕組ができてくればいいと思います。上場して事業をやっていこうという企業のコーポレート・ガバナンスは、そのようなエンジェルの出資者がやっているということではないかと思います。

こういった中で、直接金融の実施状況というのを見ると、不実施、かつ利用したくないという企業が小企業では八割近くいます。大企業で四割ぐらいが直接金融を利用したいといっています。それから、どのような理由で直接金融を利用したくないかということについてのデータですが、会社のディスクローズをしたくないから直接金融を利用したくない、同族会社を維持したい、間接金融でちゃんと銀行が金を貸してくれるからいらないなどの理由があがっています。ディスクローズをしたくないというのは、理由としては非常に小さいですけれども、結局、銀行から金をうまく借りられれば、直接金融はあまり利用したくないという企業です。それから、直接金融をやりたいと思っても実施できない理由としては、逆にディスクローズにこたえられる体制ができていない、株式公開の要件を満たしていない、ベンチャー・キャピタルをうまく利用できないなどがあげられています。

そういうことですから、自己資本比率を見ても、上場企業の自己資本比率は三割か四割と高いのですが、非公開企業は二一％ぐらいで、どうしても低くならざるを得ないのです。

ベンチャー・ビジネスをめぐる動きの中で、最近、大企業から独立してベンチャーをやりたいという人たちが増えていますし、また大企業の中には従業員にそれを勧めている企業もあります。自分のほうからも金を出すし従業員にも金を出させて、ベンチャーをつくらせるケースも最近増えています。また、大学や公立研究所と産業、いわゆる産学間連携という形で、新しい事業をやっているところも増えています。これは非常に良い傾向だと思います。ただ、ここで一つ申し上げておきたいのは、自分でベンチャーをやって技術に自信があると、「おれの技術はこんなに高いし、こんなにいい製品造っているのだ」と、自分の技術と商品に酔ってしまう経営者が多いことです。そのような経営者に限って、世の中が変わると、なかなかうまくいかないということがあります。

産学間連携について私が感じたことがあります。先生方と事業家がディスカッションをする場を提供しても、大学の先生方の中には、一方的に自分の技術を教えたら「講義終わり。はい、さようなら」と帰ってしまう方がいらっしゃいます。ところが、企業経営がうまくいくには、その技術を使って経営がうまくやれるかどうかを知る必要があるのですが、技術を経営に結びつけるということまでを考えようとする大学の先生方は、まだ今のところ少数だと思います。

11　企業の社会性

最後に、「企業の社会性」に触れたいと思います。企業は社会で存在している以上、社会性を必ず持っています。そして、社会の中で生き延びていくためには、いろいろなルールがあります。ルールを守ったらもうけられないということを言う企業経営者がよくいますが、利潤追求とルール遵守とは矛盾する問題ではないと思います。現在いろいろと問題になっているのは、ルール遵守意識の欠如に起因し、それが原因でいろいろな経済混乱が起きているからだと思います。

そこで、ルールを守るためには、会社の中で規律が確立されている必要があります。オーナー経営者の会社でも、うまくいっている会社では会社の中でちゃんと規律ができています。そのような規律ができて初めて内外のルールに適応できます。ルールを守らせるのは政府の義務だといって、政府に任せるのは決して良くありません。

会社の所有者は株主ですが、所有者である株主、あるいは経営する経営者、従業員、取引先というのは、時たまお互いに利害が対立することがありますが、基本的にはそれぞれの人たちの利害に合うような形で経営していかない限り、その会社はうまくいきません。会社のステークホルダーの利害は、本来的に一致するはずだと私は思います。

最後に、私が働いておりました住友家にいた広瀬宰平さんという支配人が作った家訓をご紹介します。第一条と第二条はとても有名なのでここで紹介します。

「わが住友の営業は、信用を重んじ確実を旨とし、以ってその強固隆盛を期す」

強固のキョウという字は、原文はちょっと別の字を使っています。そして第二条では、

「わが住友の営業は、時勢の変遷、理財の得失を計り、これを興廃することはあるといえども……」

これは世の中というのは経済が変わっていきますから、変わっていくものにうまく合わせながら、良くなることと悪くなることはあるだろう。しかし「いささかも浮利に走り」、一時的な儲けをねらうということは、一切やってはいけないということを家訓として守りながら、経営することを求めています。

この家訓は、住友家だけではなくて、日本の会社にはどこにでも当てはまるものだと思います。住友家というのはいろいろな会社に分かれて発展していますが、大阪で銅の商売を始めてから四〇〇年たっています。企

業の命は三〇年とよく言われますが、四〇〇年はその十数倍。確かに三〇年でつぶれてしまっている会社や衰退している会社もたくさんあるので、一〇〇年、二〇〇年続けていくというのは大変です。アメリカのＧＥもエジソンがつくった会社なのでもう二〇〇年になります。そのような会社は珍しい会社ですが、コーポレート・ガバナンスがうまくいけば経営もうまくいき、企業も生き延びていくことができるのではないでしょうか。

（二〇〇二年一一月二六日）

聴取者の質問　Q&A　演者の回答

Q　経営理念が非常に、特に中小企業においても大事である、しかも、オーナーさんご自身が、その理念を持ってやらないといけないということをおっしゃっていましたが、中小企業において経営理念をどう浸透させていくかということについて、やはり大企業とは異なる点があるかと思うのですが、もしそのような点がありましたら、教えていただければと思います。

A　経営理念の社内における浸透の仕方というのは、いろいろなやり方があるし、その企業によって違いがあると思います。例えば、毎日必ず社長自身が工場を回ったり、工員さんと一緒になって物を削るとか、そのようなこともやることで、個々の従業員の人たちとの対話と交流を重視してやっている方が多いと思います。

アメリカの企業の場合は、管理者になると、工場を経営している会社の場合、社長などはガラスの部屋に入ってしまって、みんなと一緒に仕事はしていないということがあります。しかし、日本の場合には大企業でも社長が自ら社員と一緒に机を並べて仕事をしていることもあります。これは、そのようなことを通じて、自分の言わんとすることをその社員の人に理解してもらい、それによって社員に働いてもらうということを心がけているからだと思うのです。したがって、そのようなことをせずに、社長はどこへ行っているのだろうと思われるようになってしまうと、おそらくその会社の経営はうまくいかなくなるのではないかと思います。

社長は人材を非常に重視していまして、いかにしていい人を採用するか、また採用した人をいかに教育・訓練していくかということを考えています。中小企業においても、人材の確保およびその人材の教育・訓練に力を入れていくべきだと思います。

Q　三つほど、質問をさせていただきます。一つは中小企業の数が五〇〇万、数にして九九・七％といった場合に、日本電産のような企業というのはむしろ例外で、全部が成長し

聴取者の質問　Q&A　演者の回答

ていけるわけではなく、技術力もない、設備の更新もできないという企業が大部分であろうかと思います。このような中小企業に対する施策がどうあるべきかということと、当事者である中小企業者はどうすればいいのかということが一点目です。

次に同じく中小企業について、いわゆるスタートアップする前に、法に抵触しなければ何をやってもいい、むしろ企業経営が先だという厳しさがあろうかと思いますが、決して法に抵触しなければ何でもいいということは、許されることではないと思います。その場合、企業倫理や社会起案をベースにしたコンプライアンスというものをどのように育成していったらいいのだろうかというのが、二点目です。

最後に、「大企業がつくるベンチャー企業の当事者は、挑戦意欲があるのだろうか？」と問い掛けておられますが、つくる側の大企業は、つくったベンチャーに対してどのような配慮をしなければいけないのでしょうか。つくる側の大企業の留意点がございましたら、見解をおっしゃっていただいたら幸いに存じます。

A　最初のご質問についてはおっしゃるとおりで、日本電産のような一〇年、二〇年の間にこのように立派になる企業は、例外中の例外で、大部分は売上が同じかもしくは落ちているなど、大変苦労されています。それに対する施策ですが、例えば政府関係金融機関の低利融資などの施策もありますが、それ以外にやはり経営のやり方についての研修や世の中がこのように変わっているという情報提供が必要だと思います。

ただ、問題は、何百万もある中小企業の人たちに、政府がこのような情報を持っているよと言って流しても、届いているかどうかというのはなかなかはっきりしないことです。最近ではインターネットを使って政府からいろいろとメールを出したり、ホームページで知らせたり、工夫をしています。けれども、それで本当に果たしてその中小企業の人たちにそのような考えが浸透してくるかどうか、

聴取者の質問　Q&A　演者の回答

情報が浸透するかどうかは、まだ必ずしも十分ではないと思います。ただ、そこは今後、ＩＴ技術を使って今後も大いにやっていく必要があると思いますし、情報を的確に提供できたことでうまくいった企業も出てきていますす。ですから、そのような会社を増やしていく必要があると思います。

二番目の社会規範の問題ですが、企業をスタートしてうまくもうけるためには、何でもありということではいけないということをどのように浸透させるかということは確かに難しい問題です。最後はやはり法律によって、例えば法律違反の行為をやっていたら、それを取り締まるということが必要だと思います。社会全体として、法に反することをしたら罰せられるという意識を持つ必要があると思います。

最後に、大企業で働いていた人たちがベンチャーをやる時の意欲の問題ですが、これは、親会社があまり手を出して助けてやったら、かえってマイナスになるのではないかと思っています。親会社の関連でベンチャーをやる時に、親会社が出資するということもありますが、相当のリスクをやはり本人に負わせて、本人にも金を出させる、それでうまくいかなかったら、自分の財産が全部なくなってしまうのだという気持で取り組むようにしなくてはいけないと思います。手取り足取り教えてやるということでは、新しい企業はなかなかうまくいかないのではないかと思います。

第8章

企業統治における監査役の役割

高橋弘幸

日本監査役協会専務理事兼事務局長

1　社団法人日本監査役協会とは

最初に、私の属しております社団法人日本監査役協会とは何ものであるかということを、ＰＲさせていただければと思います。

この日本監査役協会というのは、日本でただ一つの監査役・監査制度に関する公益社団法人で、法務大臣の認可のもとで昭和四九年に設立されました。昭和四九年という年は監査役にとってとてもエポック・メイキングな年で、大きな商法改正があり、監査役の業務に業務監査という仕事がつけ加えられました。監査には、会計監査と業務監査の二つがあります。会計監査というのは文字どおり会計に関する監査をします。業務監査というのは、取締役もしくはその配下の人たちが会社を正しく経営しているかどうか、不当なことをしていないかどうかに関してチェックをすることです。つまり、会社の経理、計算書類が正しくできているかおよび会社の経営が健全に行われているかの両方をチェックするということが監査役の仕事になったのが、昭和四九年なのです。

本協会は、最初はほんの数百人で始まりましたが、その後組織として成長し、今では加盟企業数は四、一〇〇社です。その企業から会員として登録していただいている監査役を我々は会員と呼んでいますが、その数は六、一〇〇人を越えるまでになりました。東京証券取引所の一部上場企業は約一、五〇〇社ありますが、そのうちの一、四〇〇社、九十数％が私どもの会員です。

私どもの当面の関心事は二つございまして、一つは平成一三年の暮れの商法改正において監査役制度のいっそうの強化・充実を図られましたので、その後に監査役に期待されている職責を果たすことです。もう一つは、今年の五月に商法改正において会社の機関の選択制が導入され、委員会等設置会社が選択可能になりましたが、アメリカ型のボードの設計の中における監査委員会の監査の水準を高めるために、我々として何ができるかということを研究することです。

お渡しした資料の中にチャートが四点あります。チャート①は「監査役制度（平成一三年改正を含む）」で、現行の日本の監査役制度について説明したもの。チャート②は「法務省の委員会等設置会社モデル」で、アメリカモデルと言われる新しい会社のモデルに関するもの。さらに、チャート③「アメリカ型の制度」はアメリカで行われている最も典型的な制度を説明したもの。最後に、チャート④「監査役制度における実効性のポイント」は監査役というのはどのような仕事をしているのかという業務フローを絵にしたものです。これらをご覧になりながら聞いていただければと思います。

2　日本の監査役制度

それでは、これから本題に入りたいと思います。

最初に、日本の監査役制度に関してご説明させていただきます。監査役制度というのは、明治三二年（一八九九年）に日本で商法が導入された時にはすでに存在しており、日本の商法とともに一〇〇年を越える歴史があります。外国人でロイスレルという人が監査役制度の原案を作ったというような記録があります。

ただ、明治の立法者は、なぜか、その時点での商法の先進国であるイギリスとかアメリカの制度をまねすることはなく、日本の独特な監査役制度を作りました。その後、台湾や韓国が日本の統治下に入り、それらの国ではこの監査役制度を採用しています。それ以外の国では、いわゆる監査役制度を取っている国はないということです。私どもも最近は海外の方と議論をする場が多いのですが、この監査役制度というのは世界的には少数派で、どのような制度でどう機能しているかというのを説明するのに非常に苦労しています。

チャートの「監査役制度」をご覧になっていただきたいのですが、監査役もしくは監査役会は取締役会と併置、つまり横並びになっている会社の機関であって、株主から直接選任されています。商法二七四条には、監査役というのは「取締役ノ職務ノ執行ヲ監査ス」と書いてありますが、これが監査役の仕事であると法律では決められています。監査役の職務を表す条文はこの一つのみで、これを巡ってさまざまな議論がありますが、私は、監査役の仕事は会社の健全性を担保すること、会社のリスクマネージメントだと考えています。つまり、財務諸表が正しく会社の状態を表しているかどうか、そして会社の経営が法令や定款に照らして正しく行われているかどうかということを、監査行為を通して調べ、結果を株主に報告するということです。

3　監査役の持つ大きな権限

そのために、監査役には非常に多くの権限を与えられています。先ほどのチャートの下の部分に、主な監査役の権限が書いてあります。

ここに書いてあることを大きく分けると、一つは監査役の独立性、独立性を保証するためのものです。これは監査役の身分保証なども含んでいます。独立性というのは、監査の中で非常に大切な要因です。監査というのは二つの大きな要因があって、一つは独立性、もう一つは実効性です。実効性とは要するに実効が上がるという意味です。独立性とは、監査をする人は監査をされる人から独立していなければならない。独立の反対は癒着になりますが、監査をされる人と監査をする人の間に毅然とした一線が画されていなくては、監査になら

チャート①

監査役制度（平成13年改正を含む）（商法特例法上の大会社）

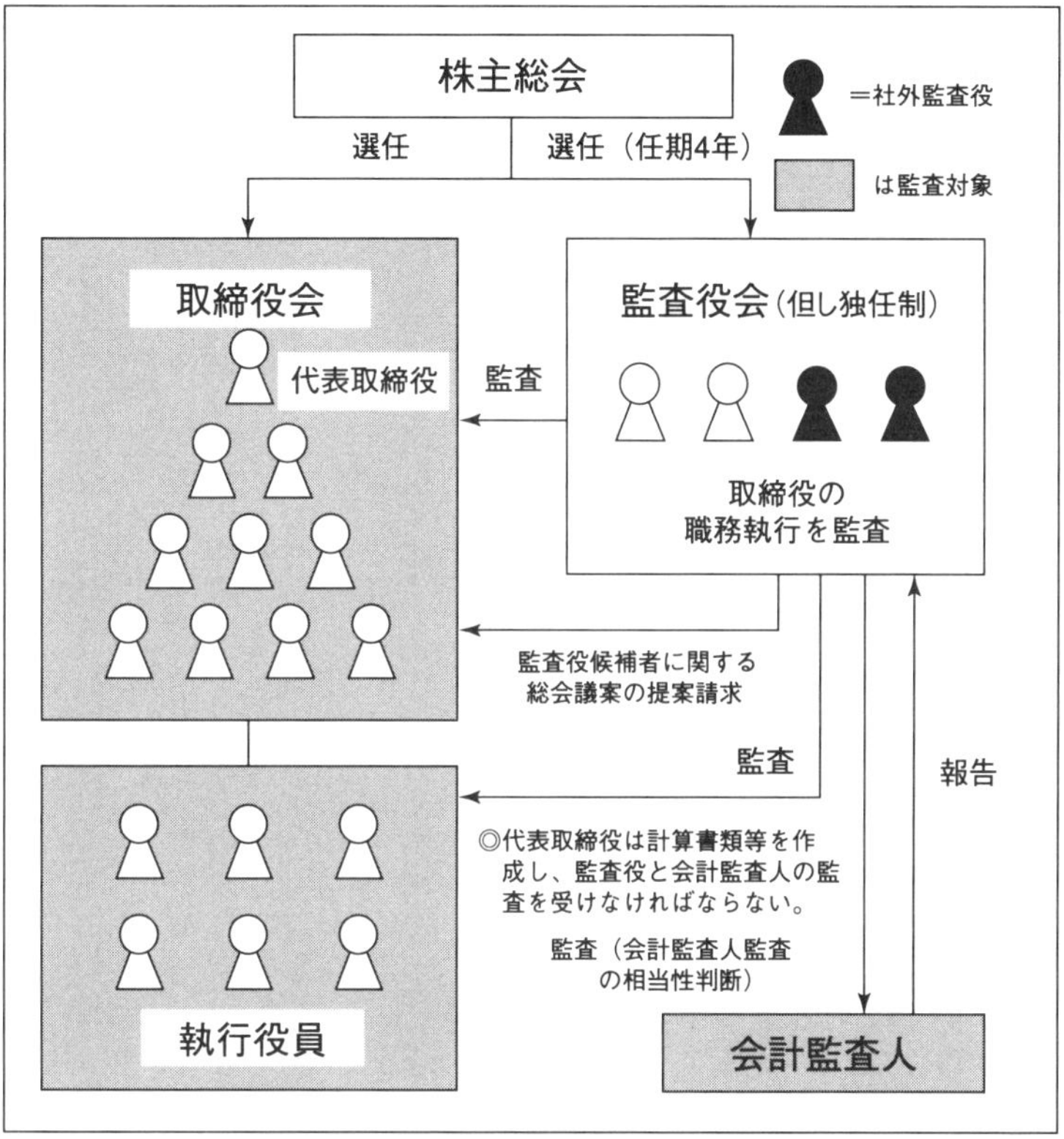

《監査役制度》……　監査役は株主から直接選任され、監査の主体と客体が峻別されている。

① 監査役会の半数以上を社外監査役としなければならない。
② 常勤監査役を1名以上選任しなければならない。
③ 取締役・使用人等との兼任が禁止。
④ 独任制である。

《主な監査役（会）の権限》……監査の実務を実践する。⇒“自ら監査を行う人”

① 取締役会出席・発言義務（商法260条の3第1項）
② 営業報告請求権、会社業務・財産状況調査権（商法274条2項）
③ 子会社調査権（商法274条の3）
④ 違法行為差止請求権（商法275条の2）
⑤ 競業取引・利益相反取引、無償の利益供与等の監査（監査報告書規則7条）
⑥ 会計監査人からの報告義務、会計監査人に対する報告請求権（商特8条1項、2項）
⑦ 取締役と会社間の訴訟代表権（商法275条の4）
⑧ 取締役の責任軽減（株主総会の特別決議による免除、定款規定に基づく取締役会決議による免除）の同意（商法266条9、13、21項）、会社の補助参加の同意（商法268条8項）

ないという意味です。実効性というのは、かりに独立していても、監査対象の人たちがしていることを理解できなかったり、それを評価できなかったら、これはまた監査にならないので、それをちゃんと理解することが必要ということです。この二つがないと監査にならないということで、法律では監査役の独立性を保証するさまざまな条文があります。

二つ目は、監査役の情報収集に関する権限です。監査をするためには情報がなければ何も評価はできませんので、これは二番目の実効性に当たります。会社で行われていることを監査役が知らなければ監査にならないので、会社で行われているさまざまなことに関して、監査役が情報を収集する権限を与えられています。

三つ目は、かりに取締役が法律に反するような行為をした場合、もしくは会社を非常に危険にさらすような行為をした場合には、それにストップをかける差止請求権があります。

監査役はこのような権限を持ちながら、一年間を通して監査をします。最後に株主総会において監査報告書を提出して、一年間に違法行為とかその種のものがあったかなどを株主に報告します。

4　事故の未然防止という役目

ただ、実際には監査報告書の提出という仕事とは別に、むしろそれの前の段階、つまり日常的な経営を監査しながら、法律や定款に違反しそうな事柄、会社の経営を著しく危うくしかねない行為などがあった時に、その時点で会社に対してそれを改めるように要請し、結果として会社が誤った意思決定をしないようにする。つまり、未然の事故防止ということに最大のエネルギーを注いでいます。

残念なことに、今日は多くの企業において事故が発生します。しかし、ほとんどの企業では企業の中に存在

チャート②

法務省の委員会等設置会社モデル

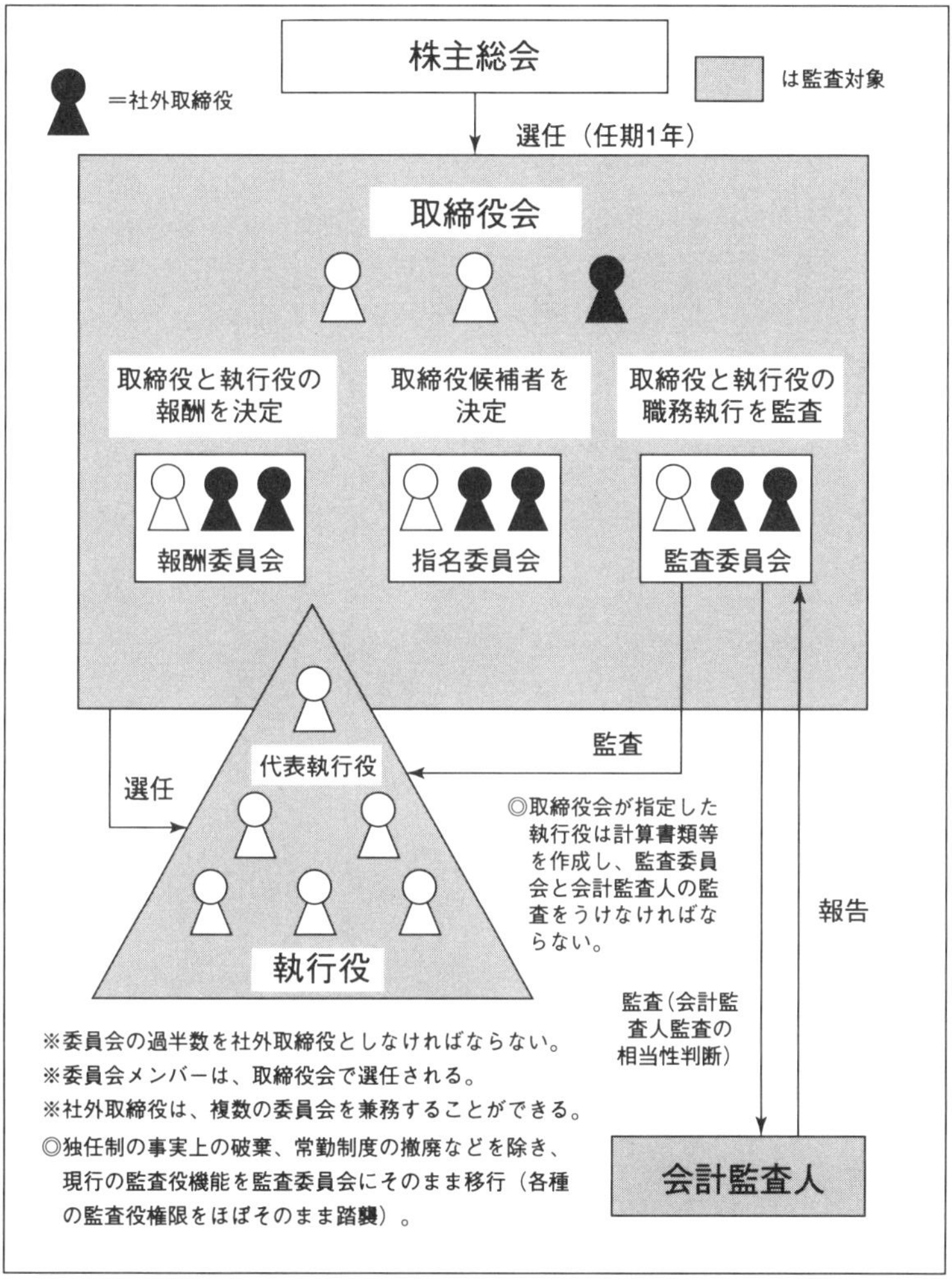
株主総会
＝社外取締役
は監査対象
選任（任期1年）
取締役会
取締役と執行役の報酬を決定
取締役候補者を決定
取締役と執行役の職務執行を監査
報酬委員会
指名委員会
監査委員会
監査
選任
代表執行役
執行役
◎取締役会が指定した執行役は計算書類等を作成し、監査委員会と会計監査人の監査をうけなければならない。
報告
監査（会計監査人監査の相当性判断）
会計監査人
※委員会の過半数を社外取締役としなければならない。
※委員会メンバーは、取締役会で選任される。
※社外取締役は、複数の委員会を兼務することができる。
◎独任制の事実上の破棄、常勤制度の撤廃などを除き、現行の監査役機能を監査委員会にそのまま移行（各種の監査役権限をほぼそのまま踏襲）。

《問題点》

① 取締役会の内部委員会である監査委員会は、取締役が自らの職務執行を監査することから、自己監査に当たる。

② 監査委員会メンバーは常勤の定めがないことから、監査の実効性と監査品質が低下する懸念がある。

する小さな不祥事の種を、監査役と経営者が協力して未然に防いでいると私どもは考えています。一部のマスメディアでは、「監査役というのはひまなんじゃないかね。だから、閑散役だ」と報じられていますが、決してそんなことはありません。私どもの周りにいらっしゃる監査役の方は、国内、海外を飛び回って仕事に励んでおり、決して閑散役ということはないと思います。

ただ、監査役はどうやって小さな不祥事の種を防いだのですかと聞かれますと、なかなか事例としてご説明しにくい。「おれはこんなことをやったよ」と威張る監査役はまずいないので、なかなかそのようなことが世の中に知られるということがない。もちろん、私どもはいろいろな方とお付き合いしており、中には武勇伝もあり、社長を退任に追い込んだ方もいらっしゃいますが、やはりそのような方はそれを決して自慢しないので、世の中には知られていません。

5　監査役は社長の用心棒

後ほど機会がありましたら触れますが、株主代表訴訟の制度がこのたび変更され、その中で監査役の役割が大きく変わりました。監査役の判断次第で取締役の責任の程度が大きく変わることになりました。監査役というのは、株主のために会社の健全性を担保することが仕事だと前に述べましたが、別の言い方をすると、監査役は取締役に誤った行為をさせない、取締役に将来代表訴訟の対象になるようなことがないように、ある意味では取締役を守ってあげる役目を担っていると言えます。「監査役は社長の大事な用心棒」と私ども言っています。この意味に関しては、後ほどもう一度触れたいと思います。

監査役は法律上、会社のすべての会議や重要な書類・情報にアクセスする権限を与えられており、言ってみ

チャート③

アメリカ型の制度（上場会社）

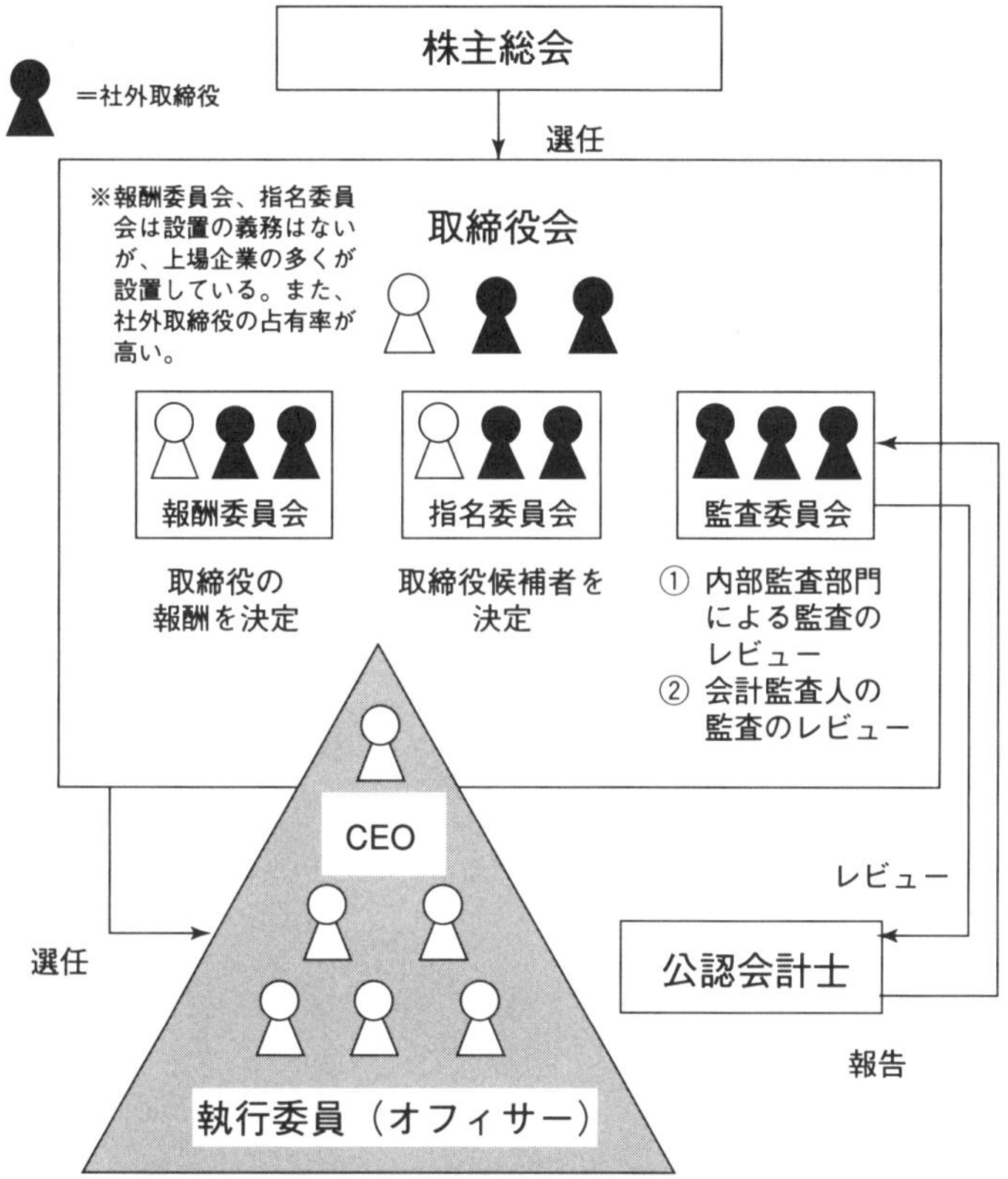

① 証券取引所の上場規則により、社外取締役のみで構成される監査委員会の設置が義務付けられている。
② 証券取引所の上場規則により、監査委員会の主たる職務は、内部統制の機能状況のチェックと、外部会計監査人の行う監査のレビューが中心となっている。
③ 各委員会は、決定権を持たず、最終決定権は取締役会が持つ。
④ 監査委員会は自ら監査行為を行わない。
⑤ 監査委員会メンバーは常勤しない。監査委員会は年4～5回程度開催されるのみ。

れば、社長と同じレベルの情報を持ちうるわけです。一般的な取締役は自分の職務分野が決まっており、多くの場合その分野にほとんどの精力を傾注しています。全社を俯瞰するという立場にいる人は意外に少ないのです。もちろん非常勤の社外取締役という方もいらっしゃいますが、私どもが拝見する限り、現時点での非常勤社外取締役という方々は、実際には、社長の有効なる用心棒になっていません。

反面、監査役は、社長と同様の会社全体の状況を掌握しうる立場にあります。このような背景からしても、監査役は、社長がもしかしたら自分で犯してしまうかもしれないミス、もしくは社長がまったく知らないうちに、会社のどこかで起きてくるかもしれない不祥事などから社長を守る最も良い立場にあると考えています。すべての監査役がこのような実力監査役であるというわけではないのですが、努力を重ねながらこのような実力を蓄えるということが、監査役の理想だと思っています。

監査役が日ごろ何をしているのか、どのような気持でいるのかということにご関心がある方は、日本監査役協会のホームページにアクセスしてください。その中に「今月の監査役」というのがあります。いわゆる普通の会社の監査役に一人登場していただいて、自分が日ごろ何をしているのか、どのような心情でいるのか、どのようなことが楽しく、どのようなことが悲しいのかとなど、いわゆる人間監査役というものをそこに掲載しています。ご覧になっていただくと、「なるほど、監査役というのは怖そうな感じだけれども、非常に人間的にやってるんだな」というのがおわかりいただけると思います。

このように、監査役は非常にたくさんの権限を与えられていますが、これも実は、昭和四九年の最初の商法改正後に度重なる改正があって、現在の状況にたどりつきました。その経緯については、お渡しした資料に主だったものを年代順に列挙しました。日本の商法改正は「一面、監査役制度の強化の歴史だ」と言われるくらい、頻繁な改正がありました。

チャート④

監査役制度における実効性のポイント

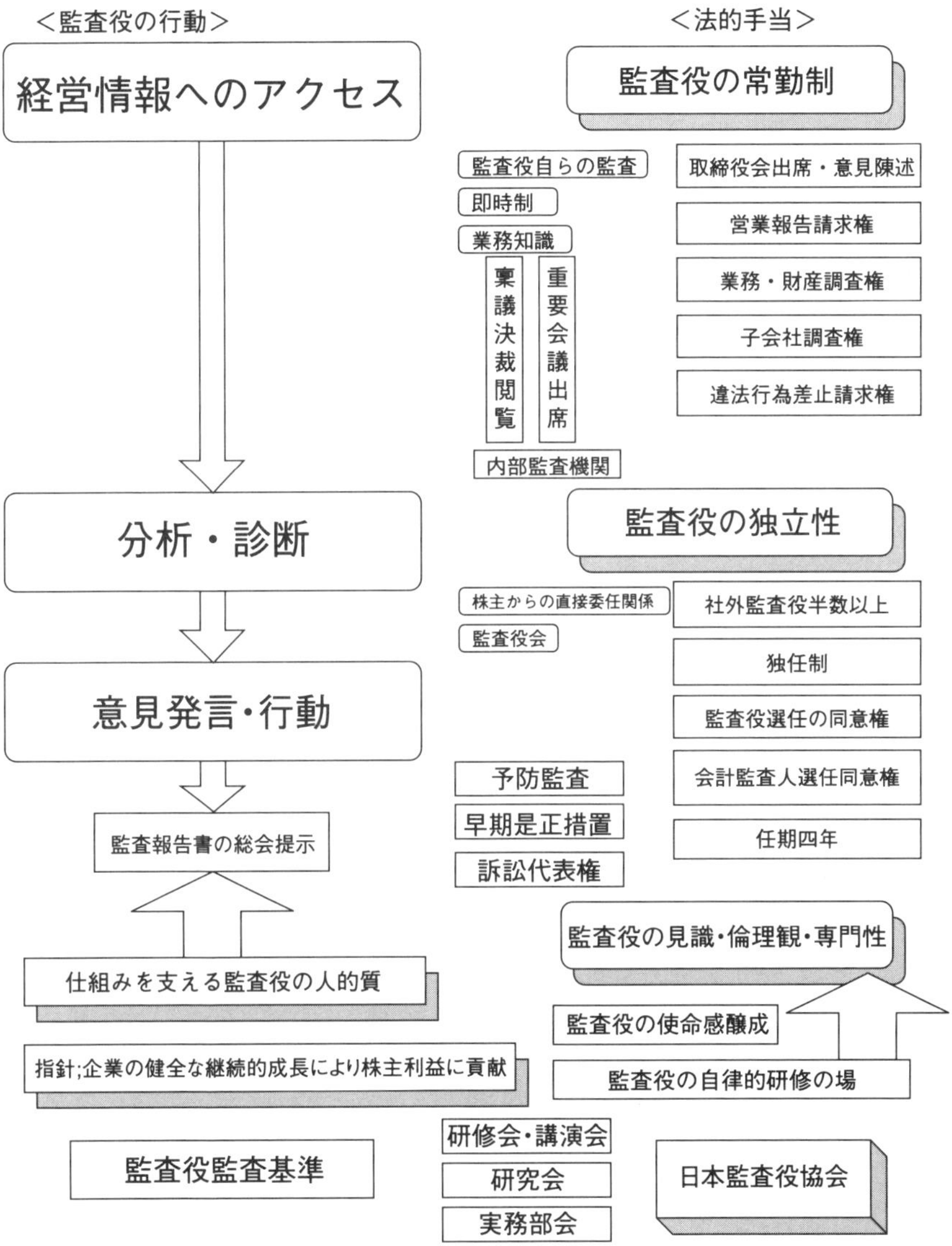
<監査役の行動>
<法的手当>
経営情報へのアクセス
監査役の常勤制
監査役自らの監査
即時制
業務知識
稟議決裁閲覧
重要会議出席
内部監査機関
取締役会出席・意見陳述
営業報告請求権
業務・財産調査権
子会社調査権
違法行為差止請求権
分析・診断
監査役の独立性
株主からの直接委任関係
監査役会
社外監査役半数以上
独任制
監査役選任の同意権
会計監査人選任同意権
任期四年
意見発言・行動
予防監査
早期是正措置
訴訟代表権
監査報告書の総会提示
仕組みを支える監査役の人的質
指針;企業の健全な継続的成長により株主利益に貢献
監査役の見識・倫理観・専門性
監査役の使命感醸成
監査役の自律的研修の場
監査役監査基準
研修会・講演会
研究会
実務部会
日本監査役協会

法改正の経緯を見てみると、例えば監査役の人数は、最初一人が二人になり、二人が三人になりました。任期については、二年が三年になり、三年が四年になりました。社外監査役の人数も、最初は一人だったのが今では半数以上というように、段階を経るごとに制度が強化されているということがおわかりいただけると思います。

6　企業不祥事

この背景には、やはり日本における企業不祥事の歴史があり、商法としては、企業の健全性を高めるために一貫して監査役制度の強化・充実に注力してきたという結果が、このような形になっています。ただ、どのような制度も法律も完璧なものはなく、最近のアメリカの事例を見てもおわかりのように、法の目をくぐって、やはり事件はいつでも起こります。

日本監査役協会としては、監査役制度の最大の特徴である予防監査—企業不祥事をどのように未然に防ぐかということが重大なテーマです。日本監査役協会では、現在特別なチームを作り、企業不祥事をいくつかに類型化し、それぞれに対する予防のための対応措置を検証しようという作業をしています。

不祥事ということに関して少し触れると、日本の不祥事とアメリカの不祥事は少し質が違います。日本の場合は、ある程度の規模の会社における不祥事は、自分の利益を優先することから起こってくるということはあまりなく、どちらかと言うと、、組織のため、会社のためということから、ついつい間違った道に入ってしまうというケースが多いように思います。日本の企業社会もずいぶん変貌していると最近は言われていますが、まだまだ多くの企業では社員は新卒採用が多く、彼らもしくは彼女らが会社の中で長い時間をかけて経験を積みながらより高い責任のある地位に昇っていくという形態は、今でもそう変わってはいません。取締役にしても、社長にしても、社内の評価を長い間受けた末で選抜されます。

つまり、日本の企業というのはどちらかと言うと縦型の人間集団であり、それに特有の文化ができています。これは一面では組織に対する忠誠心や勤勉さという良さがありますが、その反面、組織中心、どちらかと言うと内向した内向きの文化になってしまい、外の社会の一般常識とかけ離れた判断や行動様式を生む場合があると思います。最近大企業で起きている不祥事にも、この日本的な組織の病理現象というものが垣間見られます。日本の組織中心主義というのはそもそも江戸時代にさかのぼってあるのではないかということを最近読みました。江戸時代に藩という独立維持の組織があり、藩に勤める藩士という武士にとって最大の価値は藩の維持でした。この武士はA藩からB藩に移るということはほとんどなく、一つの藩に生涯を捧げました。藩を出てしまうと浪人になってしまい、逃げ出した者は脱藩者、つまり裏切り者として扱われました。今の日本の組織社会は、このようなところにも少し関係があるのかもしれないと感じます。

他方、アメリカ型の不祥事というのは、私どもが見るところ、もっぱらトップ型が多いように思います。自分の利益を優先する利益相反型というような不祥事です。最近新聞をにぎわせているエンロンなど、経営者が社員の利益を犠牲にして自分の利益を保全するという、日本の企業では考えられないことが起きています。アメリカでは、人の流動性が非常に高く、通常の社員レベルだけでなく、経営者のレベルでも高いのです。日本のような縦型社会と比べると、アメリカはむしろ言わば横型社会であり、不祥事も横型社会特有の様相を呈しています。企業のこのような病理現象というのはなかなか面白いのですが、本日のテーマと少し違いますので、これ以上は深入りしないようにいたします。

7　企業は誰のものか

さて、それでは今日の話のキーワードである企業統治「コーポレート・ガバナンス」という言葉についてですが、アメリカでは企業統治に関しては何十年も議論されてきました。現在では非常に単純明快で、会社というものは株主のものだ、株主が会社のオーナーだと言われています。取締役は株主の代理人であり、経営者を、言わば、飴《あめ》と鞭《むち》で株主の利益擁護のために働かせるために選ばれているのです。経営者は与えられた経営資源を最も効率的に使わなければならないという、株主利益至上主義というのが当たり前になっています。

過去にはアメリカでもずいぶん変遷がありましたが、最近の米国の大手企業は、取締役の大半の人たちはいわゆる社外取締役、もしくは独立取締役と言われている社外の取締役で占められています。会社の中で執行業務に携わっているＣＥＯやＣＦＯなどの数人が取締役会に入っているというのが一般的であるように思います。ただ、このようなアメリカの典型的な取締役会だと我々が理解している、社外取締役中心に構成されている形態は、株式を市場で公開している公開会社で不特定多数の株主が存在する状況下で成立します。

さらに、アメリカの場合は、多数の個人株主が保有している株式がいわゆる機関投資家という人たちに委託され、機関投資家が受託責任を果たすべく、その運用に努めるといった状況下で典型的に成立すると理解しています。企業統治議論はアメリカでも非常に盛んですが、どちらかと言うと、これは資本市場で資金調達を行う必要のある企業、社債とか株式を発行してお金を調達する必要のある企業、例えばダウ工業株三〇銘柄などに代表される米国の大規模公開会社の世界での議論です。言わば資本市場に出入りする企業のためのルールのようなものだと理解しています。

一方、日本でも企業統治は最近新聞などでよく取り上げられていますが、この日本の企業統治議論というのは、アメリカに比べて歴史がとても浅いです。日本でコーポレート・ガバナンスという言葉が出てきたのは、日本経済新聞に一九九一年が最初だと聞きました。また、その年に日米経済人会議がハワイであり、その時にアメリカ側が議論のテーマとしてコーポレート・ガバナンスというのを持ち出し、日本から行った財界人は一人もこの言葉を知らなくてびっくりし、至急国際電話をかけて日本の大学の先生に「これはどういうことだろうか」と聞いたという記録が残っています。このように、当時はコーポレート・ガバナンスなど誰も知らなかったのです。しかし、今ではその言葉がかなり浸透しました。

企業統治の議論の原点はおそらく会社は誰のものか、会社は誰のために経営されなければいけないかということだと思いますが、日本ではこの質問に対して、アメリカほど単純な答えは出てこないように思います。

少し脱線しますが、法務省によると、日本には株式会社が一二〇万社あるそうです。この一二〇万社が必ずしもこの企業統治議論に参画するわけではありません。例えば、株主が一人しかいないような閉鎖会社、上場していない会社などを考えると答えは明らかで、この一人の株主にとって「会社はおれのものだ」と決まっているのです。彼にとっては会社の中の鉛筆一本まで「おれのものだ」と考えますから、企業の統治は自分でやる、そのような自信があります。かりに一人の株主ではなくても、ファミリー経営や一〇〇％親会社に所有されている完全子会社というようなものを考えても、株主の意思というのは非常に明確で、その経営者は株主の指揮に服して経営を行っている状況にありますから、ここではいわゆる企業統治議論というのはあまりありません。つまり、経営と所有が分離していない場所では、企業統治の議論にはあまり実益はないだろうと思います。

ただ、株主が何万、何十万というような会社でも、「会社は誰のものか」というように日本で聞きますと、答えは必ずしも一つではありません。例えば、私がトヨタ自動車の株を一〇〇株持っているとしても、トヨタ自動車を所有しているという実感はありません。安定した配当がもらえるか、将来株価が上がるかという期待を持って、自分の金融資産をトヨタの株という形で保有しているという意識であって、所有という意識はほとんどありません。

もちろん、トヨタの株式は年金基金や投信も保有しているでしょうが、アメリカのように個人が保有している株式が全体の発行済株式の七割、八割に及ぶという状況とは、かなり異なると思います。日本では金融機関や事業法人が保有している株式がいまだに半分以上を占め、個人保有の株式はとても少ないのが現状です。株式の運用を委託された強力な機関投資家が誕生し、そのような機関投資家が経営者に非常に大きな圧力をかけるという状態は、日本にはないと思います。

アメリカでの機関投資家の台頭は、日本でも最近有名になってきました。個人の年金制度に401ｋというのがありますが、これがアメリカで導入されて以来、アメリカの機関投資家の力が非常に強くなってきたと言われています。アメリカの大手企業では、機関投資家がその会社の株の半数以上を持っているということはざらにあります。もちろん一人の機関投資家ではなくて、何人かの機関投資家で保有されているのですが、いわゆる機関投資家をひとくくりで考えれば、彼らが大株主というのがアメリカの会社では非常に多いのです。したがって、機関投資家は経営に対して大きな発言権を持っていると言えます。

ところが、日本ではそのような状況に至っていません。経営者は皆株主重視と必ずおっしゃいますが、具体的に株主から経営方針について強い要求や批判が出てくるという状況ではない。現在、日本の経営者の多くは、会社の経営は利害関係者の全員の利益を公平に勘案して行うべきであると答えるのではないでしょうか。

8　監査サービスの受益者は誰か

日本の場合は、株式の保有構造がアメリカと異なり、強力な発言力を持つ人が社外に存在しません。実は、これは監査のあり方にも非常に関係しています。

監査役による監査というのは一つのサービスになりますが、この提供されるサービスは誰に対して提供されているのかということを考えてみると、商法の原理・原則からして、明らかに株主に対するサービスなはずです。もしくは、副次的には債権者に対するサービスだと言えます。監査役は、会社の計算書類が正しく会社の状況を表しているか、もしくは取締役の行為に法令・定款違反がないかということを証明します。この証明があって初めて、株主はその会社の株を持ち続ける、債権者は信用を与え続けるということになるはずなのです。しかし、不思議なことに、株主も債権者も、監査ということに関して非常に無関心であるように思います。監査役と監査役に監査業務を委託した株主との間には、日常的にはあまり交流の場がないというのが現実です。

つまり、株主からもしくは債権者から監査役に対して彼らが行う監査の内容に関して、具体的に注文がつくというのはなかなかない。言い換えると、法律的には監査役と株主の間には委任関係があるのですが、実際には株主は監査役のいわゆる後ろ盾になっているのではない。後ろ盾になるということの意味は、経営者に対する監査役の交渉力を強めるような尻を押すということです。

この関係は、実は会計監査に関しても存在します。会計監査人とは公認会計士さんなどを指しますが、この方々は外部から会社の計算書類、財務諸表を監査して、その内容の妥当性を報告します。では、この会計監査人のサービスは誰のために行われているのかと言うと、おそらくこれは投資家のために行われています。つまり、会計監査が行われ、その証明があって初めて、一般の投資家はその会社の株を買おうという投資決断をするので、その投資家のためのサービスが会計監査人のサービスです。ここにおいても、会計監査人と一般投資家の間には直接のコミュニケーションはなく、会計監査人に対して一般投資家は後ろ盾にはなっていません。

日本では会計監査の中立性、独立性に関していろいろな問題があり、これをいかに強化するかということは今問題になっています。監査役が本来取締役の監視役であるとすれば、取締役と対峙する交渉力とその後ろ盾が必要ですが、本来監査を依頼しているはずの株主が必ずしも後ろ盾になっていません。後ろ盾になっているのは、実は法律なのではないかと思います。昭和四九年以来の数々の商法改正は、監査役のための後ろ盾をしっかりつくってきたのです。

商法は、実はすべての株式会社に監査役を置くことを義務づけています。もちろん会社の規模でその種類が少し違いますが、監査は行わなくてはいけません。ところが、監査サービスは、誰がどのくらい必要としているかということを考えると、いろいろ差があるように思います。会社の規模、公開しているかいないか、親会社があるかないかということで、監査サービスのニーズは変わってきます。

例えば、典型的な例は、ちまたにある小さな非公開会社なども監査役を必ず置かなければいけませんが、その方々にとって監査役というのは、法律に書いてあるから置くという程度のものであって、ここでは監査サービスの受益者がいないのではないかと思います。このような小さな会社では、監査役の企業統治に関する役割自体もありません。

したがって、大規模公開会社、商法上で大会社と言われる一万数千社、いろいろな各種市場に上場している三、〇〇〇社ないし四、〇〇〇社、東京の証券取引所の一部上場企業一、五〇〇社の中で、企業統治の議論が有効になるのだと思います。

ただ、ここでも、資本市場や株主から具体的に監査役の監査サービスに対する要求とか批判が出てくるわけではなく、監査契約の依頼者である株主からいろいろな注文がついたり、評価されたり、文句が出たりするということはまったくありません。監査役側のほうには張り合いがないので緊張感が薄れていくということもありえます。ただありがたいことに、私ども協会がお付き合いしている監査役の方々は、皆非常に忠実に職務にまい進していらっしゃいます。もちろん、一人ひとり置かれている立場が少し違います。親会社から派遣されている監査役もいれば、実は銀行から差し入れられている監査役もいます。このような方の場合には、何のための監査か、誰のための監査かが非常に明確です。つまり、親会社もしくはメーンバンクが後ろ盾にはっきりなっているのです。

しかし、多くの監査役は社内から選出されており――いわゆる社内常勤監査役と言われる、そのような後ろ盾があるわけではないです。このような方々の後ろ盾は法律、法律が与えた権限が後ろ盾なのです。監査役というのは、今会社の中では、言ってみれば、大久保彦左衛門でなければならないということで、健全性のための批判勢力であろうとしています。社長に対しては時に批判意見を述べ、会社の動向に対して待ったをかけるということもしなければならない。これは必ずしも優しい仕事ではなく、なかなか嫌な局面もあります。まさに正義感と使命感で、特別な後ろ盾もなく行動しているのです。

9　企業を取り巻くリスク

ただ、このような監査役の中にも、すごくいきいきと監査をしている人もいれば、若干満たされない気持を持っている人もいる。この差は何だろうと見てみると、おそらく一番の差はその会社の社長が、自分自身が監査サービスの受益者だというように思っているか、思っていないかだと思います。

先ほど、監査役は社長の第一の用心棒だと申しましたが、例えばギャングの親玉には用心棒がいるわけですが、ギャングの親玉というのはいつどこから撃たれるかもしれない、いつどこでやられるかもしれないので用心棒を雇っています。会社の社長も、実は、最近はいつどこから撃たれるかもわからないという状況にあるのです。特に最近頻発している株主代表訴訟もあり、会社の中のどこか知らないところに不心得者がいて、知らない間に何か不正を働く。それが突然大問題に展開するということは、最近よくあります。

これは冗談話ですが、昔は会社の中で不祥事が起こると、組織の末端の人を首にして終わりということを「とかげのしっぽ切り」と言ったのだそうですが、最近は組織の末端で起きた小さな事件がみるみるうちに野火のように広がって、社長の首が取られます。上下関係が逆になってきたということで、社長は大変ハイリスクなポジションです。

このように、現代企業は過去にないほど多くのリスクに取り巻かれています。社長がこれを正しく認識しているかどうかということが一つの分かれ目になります。

また、そのリスクに対応する時に、監査役というものを大いに活用して頼りたいと思うか、思わないかという問題があります。なぜ監査役が一番の用心棒かというと、前に述べたように、監査役というのは社長に次いで会社の事情を最もよく知りうる立場にあるからです。もちろんそのためには、社長が監査役に会社のあらゆる情報にアクセスできるようにそれを保証する必要があります。一部の会社では監査役に対して情報隠しをする社長もいらっしゃるようですが、とても愚かなことだと思います。

監査役は中立な立場にあり、今さら社長と社長の地位を争うような立場にない、利害の対立のない立場にあるので、社長と協力し合えば会社の健全性の確保、すなわち監査というのは最も有効に果たされるはずなのです。もちろん二人だけですべてが終わるわけではなく、それなりのさまざまな仕掛けが必要です。内部統制システムという言葉がずいぶん使われていますが、この内部統制の仕組、これをいかに適切に設計するか、そしてそれがいかに正しく機能しているかをモニターするという仕事が、監査役として非常に重要な仕事だと思います。

10　効率性重視の経営

健全性と並んで企業統治の二大要素の一つである効率性ということに少し触れます。平成一〇年に商法改正がありましたが、この商法改正の一番の目玉は取締役会の改革、新しい委員会等設置会社の選択制で、これを導入したということです。いわゆる我々がアメリカモデルと呼んでいるもので、これは来年の四月以降、会社が定款変更すると、この制度を採用することができます。この制度を採用すると、監査役制度は廃止しなければなりません。代わって、社外取締役が過半数を占める監査委員会が、監査役にとって代わって監査をするという仕組です。

先ほど申し上げたように、昭和四九年以降日本の商法改正は監査役の制度強化ということに的をしぼってきましたが、今回はがらりと変えて、取締役会の機能強化を目的としてこの商法改正が行われました。従来は日本の会社の経営というのは非常にうまくいっていましたが、時々不祥事が起こるので、不祥事を防ぐために監査役制度をしっかりして、間違いが起こらないようにしようということで商法改正を重ねてきました。けれども、昨今のバブル崩壊後の一〇年を見ると、日本の経営そのものがどうもおかしいのではないかというような考え方になり、その中でここ一〇年来の世界の経済の覇者であるアメリカに倣って、アメリカの制度を取り入れてみると、いいことが起こるのではないかということで、選択制ではありますが、アメリカモデルをぜひ取り入れたいというのが、立法者の趣旨であったと思います。

アメリカモデルの特徴は、執行と監督を分離するというところに一番のポイントがあり、監督は取締役会に、そして執行はオフィサー（「執行役」と日本語で言われています）にということで、役割を分担しています。そして、経営者（これはオフィサーのことです）には最大限の裁量権を与えますが、これに対しては、結果を見て報酬もしくは解任、解雇という、いわゆる飴と鞭をもって、取締役会が株主利益の最大化を目的に、いわゆる執行役、社長以下のオフィサーを駆り立てていきます。株主の利益を代表して経営者の効率性の良し悪しを監督する主役、これが社外取締役だという構図です。この新方式も、経営の機動性や効率性の強化を目的とし、経営者のパフォーマンスを見たうえで大きな報酬を与えるか、解任するかということを結果的に決めます。

これは結果責任、事後対処型の機関設計と私どもは言っています。立法者の方のお一人は、日本の今の経営とはとにかく効率性の向上が最大の目標で、日本企業はもう少し国際競争力をつけないと日本自身がダメになるということで、効率性を最も重視し、健全性は当面横に置いておいてもよいとまで言っています。

11　重視すべきは健全性

この方式が来年四月以降導入されることになると、どのくらいの会社がこれを導入するかということで、さまざまな憶測が飛んでいます。私どもが四、〇〇〇社の会員にアンケートで伺ったところ、この方法を採用する企業は非常に少ないだろうと思われます。選択制なのでご自由ですし、会社の経営に対する経営者の判断でどちらを採用されてもかまわないと私どもは考えています。

ただ、協会としては、大規模公開会社の場合には、やはり健全性を第一に考えるべきではないか、健全性が担保されて初めて効率性の向上に努めるということで、健全性を横に置いて効率性だけを重視していくのは、やはり邪道ではないかと思っています。監査役制度とは、先ほどの飴と鞭型、つまり社長の首をすげ替えるということを武器にして、社長を監査するというわけではなく、日常の監査を通して、もしくは社長とのいろいろなコミュニケーションを通して、会社の違法行為や異常なリスクを回避する、つまり予防監査を目的としています。飴と鞭型の事後対処型のほうがよいのか、もしくは事前予防型のほうがよいのか、これはその会社の経営者の経営に関する理念で選択されるべきだと思います。

ただ、日本の企業経営者もこのような大競争時代で、今までとまったく同じでいいと思っていらっしゃる方は一人もいません。各社いろいろな工夫をされていて、その典型として一九九七年に導入されたソニーの執行役員制度があります。これは、強化・充実化された監査役制度を持ちながら、日本企業により適合した効率性の向上と取締役の責任の明確化を目的にした、新しい会社の機関設計です。すでに三〇〇社近い企業がこれに近い制度を採用しており、日本企業が今後向かうある一つの方向を示唆しているのではないかと思います。

残念なことに、今回の商法改正におきまして、すでに三〇〇社に及ぶ企業が採用しているこの新しい方式を商法の中に何か取り入れてほしいと私どもはお願いしたのですが、やはり立法者の方はなかなか首を縦に振らず、今回の商法改正には含まれませんでした。実際は、今回の法務省の委員会等設置会社モデルではなく、自主的に会社の中にいくつかの委員会をつくっている会社、そして執行役員制をとって取締役の責任を明確にする工夫をしている企業が相当あり、この新しい商法改正で出された非常に硬直的な機関ではなく、企業が創意工夫する中で第三の道というのが出てきているのではないかと思います。

企業経営の大前提は健全性の確保だと考えています。よって、監査役が社長にとって一番頼りになる用心棒だと言っていますが、最近の一連の企業で起こっている不祥事を見ると、社長は「知らなかった、そんなことがあったのか」というのがほとんどのケースです。こう考えると、企業統治、コーポレート・ガバナンスの中では透明性と説明責任というのが常に言われていますが、まず企業として対外的な透明性も大切ですが、その前に社内の透明性がなくてはいけません。監査役としては社内の透明性をよく見ていくことも、非常に重要であると思います。

日本の株式の保有形態も今後は徐々に変わっていくかもしれません。個人が株を持つように、企業がさまざまな工夫をしていると新聞で拝見し、もし成功すれば、おそらく個人の保有する株式が、企業間の持合いを越え、五年、一〇年後には、日本でも個人が持つ株式の保有率が高くなると、機関投資家というものも自然に出てきます。そうなると状況も変わり、監査役も強い株主と経営者の間をとりもつ調整役になるという役目を担う日があるかと思います。ただ、今は監査役はやはり企業の健全性の確保に全力投球し、その結果として、経営者が思わざる株主代表訴訟の対象にならないようにするというのが、監査役としての存在を示す一番のポイントだと思います。

監査役は、どちらかと言うと企業の中では黒子です。取締役は企業の収益を上げるために表舞台で動いていますが、監査役はそのような派手なところには登場しません。しかし、監査役制度というのが企業の健全性を担保するために重要な役割を果たしているということを少しでも認識していただければありがたいです。今後日本での企業統治議論がどのように進むかわかりませんが、企業の存続なくして企業統治議論もないので、まずは企業が安泰に存続するということが大切ではないかと思います。

（二〇〇二年一二月三日）

聴取者の質問　Q&A　演者の回答

Q　お話を伺っていまして、監査役のサービスは誰に向けられたものかという中に株主が入っていたことに、新しい発見がありました。

私は大学院に入ってから、にわか株主になり、今までに二度ほど株主総会というところに行きました。一部上場企業ですが、そこでの監査役の役割を見ると、ほとんど意見をおっしゃりません。株主から監査役に意見を伺いたいと言っても、ほとんど「イエス、ノー」しか答えず、それも経営者の顔をちらちら見ながらということで、使っている用語もとても難しくて、専門家ではない個人株主の方などは何の話をしているかわからないようでした。経営者と株主のリエゾンになるのが本来は監査役だと考えたのですが、なかなかそうなっていません。会社と一般の投資家のリエゾンになるべきという点について、お伺いできますでしょうか。

A　大変鋭いご指摘をありがとうございます。まず日本の株主総会は、最近はなかなかユニークな趣向をこらした会社も出てきていますが、従来はなるべく早く終わるのが一番良いと考えられてきました。過去には特殊株主と言われる、大声を張り上げて脅かすような人が多かった。最近はそのような方はいなくて、ご質問される方も、普通の株主の方がまじめな質問をされて、経営者側もそれをまじめにお答えするということが、日本で通例になってきたように思います。

監査役のパートに関しては、ご承知のように、冒頭監査報告というのを読み上げますが、これも皆様からすると、無味乾燥で面白くもおかしくもないものだろうと思います。日本監査役協会においても、監査報告のやり方についてはいろいろな議論があります。

ただ、これを面白おかしくする必要があるかないかというのはちょっと難しいことであって、監査報告書に個性を持たせてはどうだろうかという議論を盛んにしています。別に監査報告書はあるパターンに沿っていなければいけないということはなく、法律で言わなければならないポイントがありますが、それをカバーすれば、あとは何をおっしゃっても

聴取者の質問　Q&A　演者の回答

かまわないのです。一部の会社では、監査役が立ち上がって報告書を読んだ後に、今年度に関してはこの会社のどのようなところに一番重点を置いて監査したかということを話される会社もあることはあります。ただ、多くの会社では、紙に書かれていることを読んで、「終わり」というのが多いようです。

株主と会社の関係というのは非常にえも言われぬところがあり、アメリカでは「ユア・カンパニー」と経営側は株主に言うようですが、日本では「我が社、我が社」とこちらが言っており、あなたの会社という雰囲気はなかなか出てきません。過去において株主総会は経営者をいじめるような場であったという歴史が長かったので、経営側もガードが固いということもあるかもしれません。ただ、質問の趣旨を考えれば、その人に悪意があるかないかはわかり、普通に答えたほうがいいと思います。

私どもとしての意見をまとめると、監査報告は無味乾燥でもう少し何か内容を豊かにできないかということについて問題意識を持っていますが、今日現在、まだそれはうまくできていません。一部の会社で努力されていて、口頭で少し丁寧なご説明をされる会社を時々見受けますが、今のところはそのような程度かもしれません。

第9章

証券市場とコーポレート・ガバナンス

下田卓志

株式会社東京証券取引所前常務取締役

私どもは、一九九九年ですか、新興企業向けのマザーズというマーケットをつくりまして、ちょうど今四〇社目です。大変若くて活力のある企業が上場しています。今日も大学発、熊本大学がつくったベンチャー企業が上場いたしました。私どもは、やはりこうした新興企業向けのマザーズを通じて、第二、第三のソニーとかホンダのような会社が生まれることを期待し、大変意欲を燃やしています。マザーズに上場する企業の中にはベンチャーですが、一部へ行く企業も出始めています。マザーズをつくった最高責任者の一人として大変うれしいことです。

こうしたことによって雇用が増え経済が支えられる。アメリカなどを見ると、まさにその新しい新興企業が成長して立派に雇用を生んで、ダイナミックなアメリカ経済の成長のあかしになったわけです。よく日本ではベンチャー、ＩＴバブルはもうはじけたという声がありますが、私はそうは思いません。今からこうした新しい新興企業が私どもの東証を使って資金調達をし、公開して、大きくなる、こういったことを私どもは祈っているわけです。どうか皆様方、このマザーズというマーケットも、暖かく見守っていただきたいと思います。

実は昨日、私は上海から帰ってまいりました。最初に北京に参りました。アーサー・モーリーという法律事務所主催のセミナーに参加したのですが、セミナーは日本に中国の会社が上場するようにと、モーリー法律事務所が主催して行われたわけです。中に、一つのテーマとして、コーポレート・ガバナンスが取り上げられました。中国にもコーポレート・ガバナンスの波というものが伝わってきているのを実感しました。コーポレート・ガバナンスの流れがアメリカ、ロンドンのみならず、中国にも押し寄せて来たという感じがいたします。

次に、上海も大変発展しています。上海の証券取引所は東証に比べて時価総額も小さい。上場企業は七〇〇社ぐらいでしょうか。まだまだ日本の東証の二、一〇〇社と比べますと大変小さい。ただ中国経済はご存じのとおり七％と大変な成長を遂げています。二〇〇八年には北京でオリンピックが、二〇一〇年には上海で万博があります。それに向けて中国の方々は本当によく働いています。上海の取引所も大変立派です。私自身の個人的な感じですが、今ニューヨーク・ロンドン・東京と、三大マーケットと言っていますが、東証といいますか、日本経済がしっかりしないと、いずれニューヨーク・ロンドン・上海という三大マーケットになる危険性すら感じています。

したがって、私ども東京証券取引所もいろいろな面で改革を進めて、投資家から信頼されるマーケットをつくらないと上海に追い越される時代が来るのではないかと、内心ちょっと忸怩《じくじ》たる思いをしています。このフォーラムではコーポレート・ガバナンスが共通のテーマということですので、本日はこれまでの講師の方々となるべく内容が重複しないように、マーケットの管理・運営に携わっている証券取引所の視点から、私個人が感じていることなどを交えつつ、「証券取引市場とコーポレート・ガバナンス」というテーマで、話をさせていただきたいと思っています。

本日の構成の流れをご紹介させていただきます。はじめに、そもそも証券市場というのは、どのような役割を果たすことを目的としているのか。コーポレート・ガバナンスとはどのようなかかわり合いがあるかといった、証券市場とコーポレート・ガバナンスの関係、いわゆる証券市場でコーポレート・ガバナンスが議論されるようになった背景などについて紹介いたします。次に、そうした動きに関連して、これまで証券取引所が上場会社のコーポレート・ガバナンスにどのようにかかわってきたか、また現在、どのように取り組んでいるか、海外の証券取引所の取組例などを紹介しつつ、触れていくことといたします。最後に、今後市場運営の立場にある東証が、どのような考え方のもとで上場会社のコーポレート・ガバナンスに関与していくべきか、今後の方向性などについて、お話できればと考えています。

1　証券市場の役割

それでは、まずコーポレート・ガバナンスを議論するうえで、そもそも証券市場がどのように関係してくるか、証券市場の役割を中心にお話していくこととします。

皆さんは「証券市場」という言葉を聞くと、まず初めに何を頭に思い浮かべるでしょうか。何となくイメージされるのは、人々がいろいろなサインをしながら、株式を注文しているような光景ではないかと思うのです。教科書的ですが、証券市場というのは有価証券の売買が行われる「場」なのです。「場」といいましても、具体的な特定の場所を指すわけではありません。抽象的で概念的なものですが、つい最近まではそれらのうちの大部分が取引所の立会場で行われていたわけです。立会場という具体的な施設を通じて株式市場を実感できましたので、証券市場という言葉のイメージで立会場という光景を思い浮かべる方が、多いのではなかろうかと思います。

しかしながら、今では電子的な売買システムが立会場に取って代わったこともありまして、これが証券市場だといってお見せできるものはございません。現在皆さんがテレビのニュースなどで東証を映した画像を見ると思いますが、それは東証アローズという見学施設です。立会場の廃止によって具体的な売買の「場」が見えなくなりました。証券市場は抽象的な「場」としてしか認識できなくなったということになるわけです。

しかしながら、姿や形が大きく変わっても、証券市場の果たすべき役割そのものは従来と何も変わっていません。証券市場というのは公正な売買と円滑な流通を通じて、企業の資金調達と国民の資産運用を結び付ける、極めて重要な役割というものが期待されているわけです。

現在の企業は株式会社という極めて発達した組織形態をとって、事業を行っているわけですが、その最大のメリットというのは広く一般から多額の事業資金を集めて、個人ではとても手の届かないような大規模な事業ができることにあります。その資金調達を可能にしているのが株式の流通性です。

会社に出資した資金を回収するには、会社が解散するまで待たなければならないわけですが、一方、会社のほうはゴーイング・コンサーンとして、事業を永続的に継続していくというのが通常ですから、出資者が会社から資金を回収することは極めて困難なわけです。そこで、会社に対する出資持ち分、つまり株式を株券という紙の上に証券化してその自由な売買を認めることで、いつでも資金回収を図れるようにしてあるわけです。これによって出資者は安心して出資ができることになり、会社も出資を求めることが容易になるのです。

証券会社は株券を売りたい顧客が出てくれば、それを買いたい顧客を捜し出して仲介したり、証券会社自身が買い取って在庫として保管して、買いたい顧客が現れた段階でこれを売るといった形でその間の仲介手数料、売買差益を稼ぐわけです。

ただし、これにも限界がありまして、一業者の顧客の間だけで仲介を成立させようとしても簡単に相手が見つかるとは限りません。見つからなかったからといって、すべて買い取っていたのでは資金的に詰まりかねないばかりか、買い手が見つかるまでに株価が下落すると、それがそのまま証券会社の損害になります。そこで、証券会社に来た注文を集約して売買したり、証券会社が仕入れた株券の在庫を調整するための「場」が必要になるわけで、その代表的なものが、証券取引所の開設する取引所市場ということになるのです。

取引所市場では売りたいとか、買いたいといった注文を受けた証券会社が、その注文を取引所市場につないで、他の証券会社の注文とぶつけることで売買を成立させることができるわけです。この時取引所市場では、大量の売買注文が集団的に執行されるので、取引の相手を捜すのは大変容易になり、たくさんの注文が集約される中では取引される価格も公正なものになります。これを「出合いがつきやすい」とか「価格がこなれている」とかいうような表現をするわけですが、証券取引法が目的として掲げている公正な価格形成と円滑な流通というのは、まさにこうしたシステムによって実現することが予定されているのです。

これこそが企業の資金調達と国民の資産運用を結び付けるという機能で、証券取引所市場はその中核に位置しているということができます。

しかしながら、アメリカのように市場経済の徹底した国と比較した場合、我が国ではこれまで、証券市場がこうした役割を十分に果たしてきたとは言いにくい状態が続いています。それを端的に物語っているのが、「間接金融から直接金融へ」という言葉です。この言葉は我が国の金融構造の問題点であるとか、今後の進むべき方向といった議論の中で、かなり以前から使い古された感じがありますが、現実味を持って語られるようになったのは意外にも最近になってからです。そのターニング・ポイントとなったのは、橋本内閣の時代に提唱され実施に移された、「証券ビッグバン」と言われる金融制度の改革です。最近では小泉内閣のもとで昨年八月に金融庁が出した、「証券市場の構造改革プログラム」というのがあります。個人投資家が主役の証券市場を目指すという形でその理念が引き継がれており、この八月にはさらにこれを一歩進めるための、「証券市場の構造改革プログラム」第二弾が公表されました。これらの動きはいずれも間接金融から直接金融へと、我が国の金融構造を改めていくことを念頭に置いた改革と言っていいでしょうし、証券市場が機能を遺憾なく発揮するための改革と言うこともできると思います。

直接金融中心の金融構造を目指すということは、企業から見れば、資金調達の中心を証券市場に移していくということになるわけですから、この改革が進んでいくにつれて、マーケットがこれまで上場会社に求めてきたものをより強く求めたり、あるいはこれまでとは違ったものを求めたりするようになってきています。このフォーラムの中で取り上げているコーポレート・ガバナンスも、そうした流れの中でマーケットが上場会社に強く求め始めたものと言うことができますが、そのつながりをお話しするに先立ちまして、我が国の金融市場の現状はどうなっているのか、どうしてそうした改革が必要になったか、という点について、少し説明したいと思います。

2　間接金融と直接金融による資金調達

銀行融資に代表されます間接金融においては、預金者という本来の資金提供者と企業という資金の受け手の関係が断ち切られて、預金者と金融機関、金融機関と企業の間で資金の貸し借りが行われますので、企業が資金をどのような条件で調達できるかは企業と銀行の取引関係であるとか、取引実績などに応じて決められるのが通常です。これに対して直接金融は、企業が不特定多数の投資家からマーケットを通じて直接に同一条件で調達するので、マーケットにおける評価で調達の条件が決まるというのが通常です。先進諸外国では直接金融が企業金融の中核に位置付けられており、マーケットで株式や債券を発行して投資家から得た資金が主な事業資金になっていますが、これまで我が国の企業は、主に間接金融で企業資金を調達してきました。その理由はいろいろなものがあると言われています。戦後間もない頃は国を挙げて資金不足の状態で、事業用の資金は銀行を通じて基幹産業に配分するという、いわゆる傾斜生産方式が国策としてとられていました。それが効果的に機能していたわけです。その後の成長プロセスでは、資本の自由化に際し外資による乗っ取り防止のために、金融機関を中心とした株式の持ち合いが進んでグループ内の銀行から成長資金を得ることが当然とされたわけです。こうした構造があったために直接金融の代表である時価発行増資が盛んに行われるようになった一九八〇年代以降も、増資で発行される新株の多くを金融機関を含めたグループ内の企業が引き受けるという、やや異常な発行形態が後を絶たなかったわけです。一九九〇年代に入りバブルが崩壊し、金融機関は不良債権の処理で大きく体力を奪われ、新規融資には非常に慎重にならざるを得なかった。金融機関を核とする株式の持ち合い構造自体も、非効率な株式保有を維持する余裕が薄れてきたために崩れつつあると言われていますが、いまだに間接金融が企業金融の中心であることは変わっておりません。

私の知る限りでは、アメリカでは企業の資金調達の九〇％が直接金融で占められている。他方、日本では五〇％にも満たないということになっているようです。もちろん間接金融が悪いと言っているわけではありません。実は金融機関から借りるよりも有利な条件で、直接金融の資金を市場から取り入れることのできる企業はそうたくさんあるわけでもありません。例えば、決済資金が予期せぬ事態で不足した時などは、格付けの高い企業といえども金融機関を頼らざるを得ないわけですから、間接金融は一国の経済にとって欠くことのできないものであることは疑う余地もありません。しかし、一方で、過度な間接金融への依存は、やはり大きな弊害をもたらすということを申し上げたいのです。それは間接金融が企業と金融機関の相対の取引ですので、市場原理が貫徹されないために、企業金融が過度に間接金融に依存すると、一国の経済全体を見た場合に最適な資金配分が行われにくいというわけです。

金融機関はバブル期に、土地を担保にした不動産融資に走りました。土地から上がってくる収益からは、とても説明できない程度にまで地価を上昇させて、今になって土地の市場メカニズムを狂わせたツケを払わされているということがよく言われています。この例は事業資金というよりも土地への投機資金という側面が強いのですが、事業資金についても基本は同じです。ある事業が資金を得るに値するかどうか、どのような条件で調達されるべきなのか、といったことは、基本的にはマーケットの判断に委ねてこそ最適な資金配分の実現が期待できるわけです。直接金融の場合には、資金調達が可能かどうか、どのような条件であれば調達に応じるかといったことが、冷徹なマーケット・メカニズムによって必然的に決まるわけです。信用力とか成長力の高いものには有利な条件が認められますし、そうでないものには不利な条件が強制され調達そのものが不可能となることもありますが、このことが成長事業に資金を適切に流して衰退産業を淘汰するという、時代の流れに応じた、迅速で確実な経済構造の変革を促して、経済全体を常に活性化させる役割を果たすことにもつながるのです。

企業金融の中心に直接金融を置くことが欠かせないというのは、そうした意味でして、戦後、何度となくその必要性が叫ばれた時期がありましたが、今になって初めて企業金融の中心を、いわゆる間接金融から直接金融に替えていくことの必要性を痛感せざるを得なくなっているわけです。

以上は、これまで我が国の金融構造がなぜ間接金融を中心としてきたのか、どうしてそれが崩れ去るのかといった観点での説明ですが、将来を見渡した場合に、間接金融から直接金融へという流れは避けがたいといった目で見ると、よりはっきりとこのことがわかると思います。

現在我が国経済の最大の課題は、急速に進む成熟化社会への移行に対応するということと言われています。一本調子で右肩上がりの成長は、すでに見込めなくなっており、同時にかつての我が国と同様に、新興国がコストの安い人件費などを武器に、我が国を含めた先進国に対して輸出攻勢をかけてきており、日本では旧来型の産業が次第に競争力を失いつつあります。

我が国としてはこれまでの産業構造を、成熟した経済にふさわしく変えていくことで対応する以外に道はないと思います。

3 最近の証券市場の動向

そうした産業構造の転換に際しては、いわゆる新興国にはまねのできない産業、例えば、先端技術を駆使した付加価値の高い商品の製品であるとか、国内でしか供給できないような地域密着型のきめ細かいサービスなどに重点を移して経済の活性化を図ることが必要です。そのためには、新規の成長産業をどんどん育成していかなければなりません。しかるに我が国ではそうした新規産業を担うべき新興企業に対して、成長資金を供給することのできる仕組がまことに未発達です。特にベンチャー市場のような、市場原理に基づいてリスク・マネーをベンチャー企業に供給することのできる仕組が、整備されておりません。そのようなこともありまして、証券市場を通じてベンチャー企業の資金需要にこたえるというので作ったのがマザーズです。

一方、一、四〇〇兆円の個人金融資産に対して、より効率的な資産運用手段を提供していく必要があるというのも大事な視点です。日本の個人金融資産の運用先は、銀行預金とか、郵便貯金といった預貯金に偏在しています。有価証券を通じた市場型の商品による運用は大変限定的な範囲にとどまっています。

ここ数年の推移を見ましても、我が国では株式や債券・投資信託といった有価証券、いわゆる市場型の商品での資産運用は個人金融資産の一〇%程度しかありません。アメリカでは個人金融資産の五〇%強がそうしたもので占められています。市場型の商品の代表選手は株式ですが、上場会社の株式のうち個人持株比率は戦後から一貫して低下しており、一〇年ほど前からは二五%程度の水準で下げ止まりの傾向は出てきていますが、上昇に転じる兆しはなかなか見えません。

その裏には実に多くの理由があったと思われます。例えば、株式を保有した場合に得られる配当についての課税が、預貯金に比べて不利であるといったような税制に起因するもの。委託手数料や、税金などのコストが高くて簡単には利益が出ないといった、制度・仕組に起因するもの。あるいは利益が出ていなくても頻繁に銘柄の乗り換えを勧められるといったような証券会社の営業姿勢に起因するものもあります。さらには、日本の会計制度や監査制度が非常にぜい弱で、粉飾まがいの決算が横行しているのではないかといった会計制度などに対する不信感に起因するもの。日本の会社は株主の利益に対して鈍感で、投資対象として魅力が薄いのではないかといった上場会社に対する不信感に起因するもの。はたまた、株式は銘柄の選択が難しくてよくわからないから手を出しにくいといった証券教育の不在によるもの。果ては、株式投資はまともな人が手を出すものではないといった、一種の偏見に起因するようなものなど、さまざまあると思われます。

株式制度というのは、現在の資本主義社会がよって立つ基盤です。国民に株式投資が広がっていくことなしには、我が国の経済の立て直しも困難になるということを考えますと、制度的に解決すべきものは解決して、改めるべき姿勢は改めて、いわれなき偏見はなくしていかなければならないと考えます。こうしたことを改めて、証券市場における既存の投資対象につきまして、投資魅力というものを回復するとともに、新しくて魅力ある投資対象を提供できる仕組を作っていかなければ、成熟化社会にふさわしい市場にすることはできないと思います。

国際的な目で見ますと、今まで証券市場は、そうした役割を十分に担えるような構造になっていなかったということもまた、否定し難い事実だと言わざるを得ません。我が国の金融構造を間接金融中心から直接金融中心に改め、マーケット・メカニズムを通じて最適な資金配分が実現するような経済構造に変えていく。この改革を通じて証券市場がそれにふさわしい構造に変わらなければ、日本経済の再生も難しいのかなと感じるわけです。

そのために見直すべき課題というのは、大変多岐にわたっていたわけですが、東証のような市場開設者や証券会社のような仲介者、あるいは公認会計士、監査法人といった、いわば市場関係者に関する改革は、ここ数年で飛躍的な進展を見せています。代表的なものを挙げますと、市場集中義務の廃止とか、固定手数料制度の廃止、それから、会計ビッグバンと言われる会計制度の大変革。そして、一番遅れていると言われておりました証券税制についても、申告分離課税への一本化が決まり、この年末にかけては、配当課税の見直しなどが検討されるというところまできているわけで、一、四〇〇兆円に上る個人金融資産を証券市場に誘導し、我が国の金融構造を間接金融中心から直接金融中心に切り替えていくことを念頭に置いて、戦後の証券市場を支えてきた大原則が、ことごとく見直されているのです。

併せて、魅力ある新商品を投資者に提供するための、制度の整備も進んでいます。新規産業の育成のためのベンチャー市場が競うように開設され、次々と新興企業の株式が上場するとともに、例えば、ＲＥＩＴと呼ばれる不動産投資信託、ＥＴＦと呼ばれる株価指数連動型上場投資信託が挙げられます。ＥＴＦというのは、日経平均やＴＯＰＩＸなどの株価指数にスライドして投資信託が組まれているのです。これまでにない、リスクとリターンのバランスを持った商品の組成が認められて、多様な新商品が上場されています。

4　上場企業のコーポレート・ガバナンスの充実

残る最大の課題は、上場会社の株式を代表とする既存商品についての投資魅力の向上ということになります。私どもがそのための中心課題として位置付けているのが、上場会社のコーポレート・ガバナンスの充実です。コーポレート・ガバナンスの充実は最近の証券市場の動向から分析いたしますと、マーケットの切実な要求として必然的に出現、現れてくるといったことがおわかりになるのではないかと思うのです。コーポレート・ガバナンスというのは、株主から経営を付託された経営者が、企業価値の最大化を図るように経営者を監視する仕組ですから、日本においては、監視される側の経営者が熱心であったというのはちょっと皮肉な現実でして、広く世界を見渡しますと、コーポレート・ガバナンスを推進してきたのは、やはり投資者、わけても、膨大な年金資産を運用する機関投資家だったわけです。

歴史をひもといてみるならば、我が国日本独特の仕組としまして、戦後、旧財閥系の企業集団による結束強化を目的とした株式の相互持ち合いが非常に進んだ経緯があります。皆さんもご存じかと思いますが、株式持合というのは、事業法人間または事業法人と金融機関との間で相互に株式を保有し合うことで、その典型が三菱・住友といった企業集団における中核企業を中心とする法人間の持合に見られます。

一九六〇年代には資本の自由化が行われたわけですが、それを契機に日本の企業は外国企業による乗っ取りを恐れて、いわゆる安定株主政策を進め、事業法人、それから金融機関の保有比率が大変上昇いたしました。その後も時価発行への移行によって増資資金の調達を有利に進めるためにも株価の高値維持が必要になったわけで、一九七五年ごろまでは、いわゆる事業法人の持株比率が大変上昇しています。

一般に、株式の持合が日本企業の経営に対して果たしてきた役割というのは、主に株式の買い占めに対する経営陣の防衛策として機能したこととか、倒産リスクを企業間でシェアしたこと、取引関係にある企業の株式を相互に保有することにより供給の安定化に寄与したことなどの点にあると言われています。これに付け加えて申せば、八〇年代までは、株価が非常に右肩上がりに上昇していたことも持合を促進してきたと言えます。持続的に株価が上昇している限り、株式の上昇からもたらされる含み益が株式の保有利回りを高め、純粋な投資としても十分に採算に乗ってきたわけです。こうした株式保有構造の形成と維持を背景に、八〇年代までは金融機関・事業法人の持合比率は上昇し、非常に安定をしておりました。これらの持合株は、お互いに安定株主としての経営者の経営を支えたために、会社は株式を公開していても株主の支配を逃れて、株式市場によるコントロールも効かなくなってしまい、経営リスクに対する自主的な監視機能が麻痺するという弊害が指摘されることも少なくなかったわけです。

それが、九〇年代に入りますと、金融機関、それから事業法人の持合比率というのは若干低下基調に転じまして、株式保有構造に大変な変化が表れています。特に九〇年代後半には持合解消が加速しています。その要因としては、一般的には時価会計の導入による株式保有リスクの顕在化とか、企業間関係の変化による株式保有意義の希薄化などが挙げられるわけですが、こうした背景には、まさに九〇年代に入ってからの株価の大幅な下落も直接的には関係していると思われます。

株式の保有構造の変遷の中で、昨今のコーポレート・ガバナンスの議論と深くかかわってくるという意味で注目すべきは、九〇年代に入ってから現在に至るまでの変化、特に機関投資家、外国人投資家の動向であろうかと思います。機関投資家は他人から資産を預かり、その運用、管理を委ねられている機関でして、資産運用の手段として株式投資を行います。特に年金基金であるとか生命保険会社のように、性質上長期の資産運用を基本とする機関では、おのずとその比重が高まることとなるわけです。

その場合、機関投資家の株式保有の目的は、あくまでも投資利益の獲得でして、企業の支配権たる株主としての権利行使については、つい最近まではむしろ安定株主として機能してきたのです。しかし、九〇年代に入りバブルが崩壊して、日本経済がかつてのような高成長期から低成長期に移行し、企業は今まで以上に機動的な事業運営、事業転換を行う必要性が非常に高まる中で、まず株主重視の経営に敏感な海外の機関投資家が投資先の企業経営に積極的に関心を示す動きが目立つようになりました。

資料1　投資部門別株式保有比率の推移

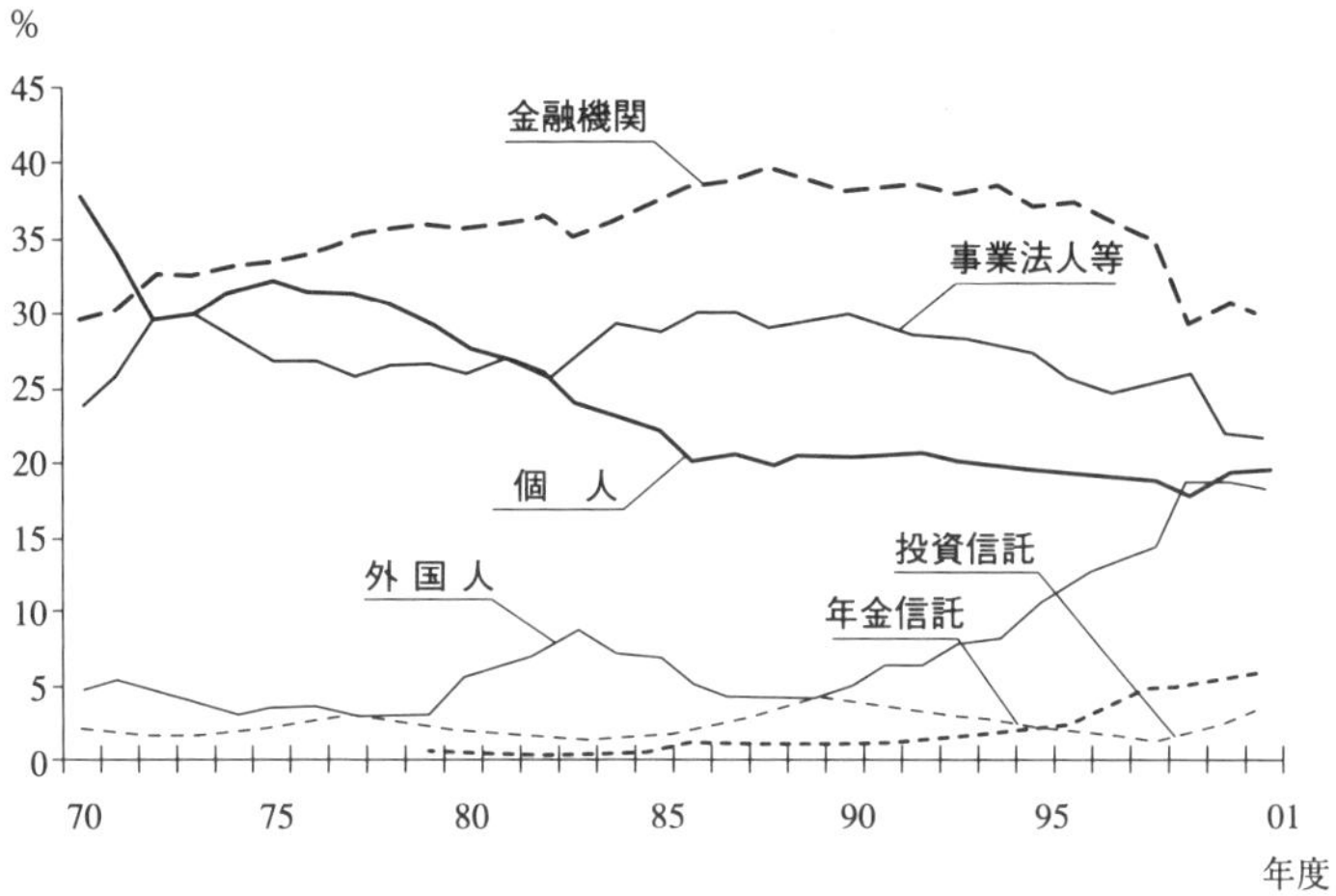

注：金融機関は投資信託、年金信託を除く（ただし、1978年度以前については、年金信託を含む）。

（出所：全国証券取引所協議会「株式分布状況調査」）

資料2　投資部門別売買動向（三市場売買代金ベース：委託内訳）

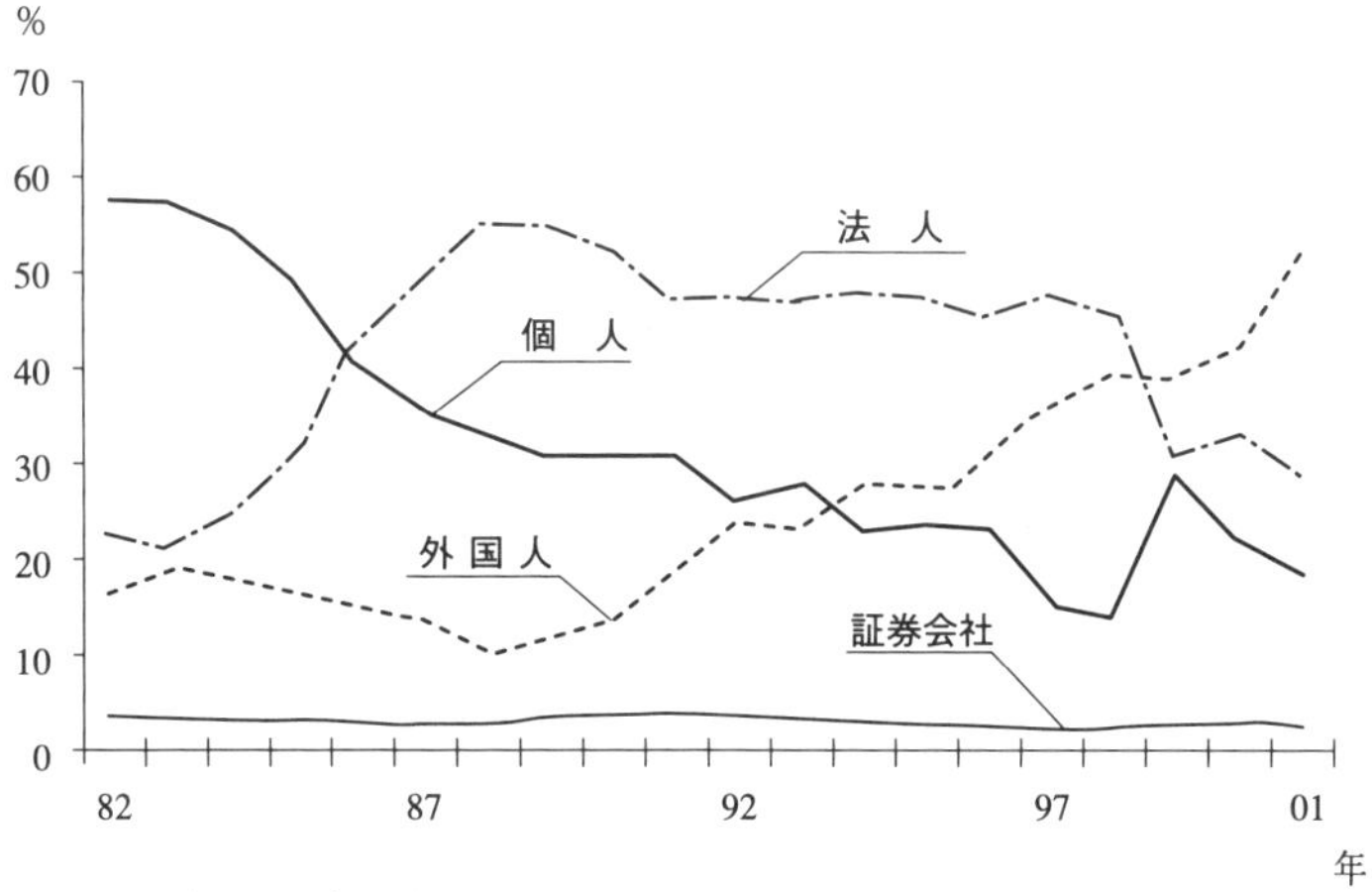

注：法人には、投資信託、事業法人、金融機関、その他法人等が含まれる。

（出所：東京證券取引所）

資料1は投資部門別株式保有比率の推移を示しています。今説明したような動きが見てとれるかと思います。株式の保有比率を見ますと、金融機関のうち銀行――都銀・長銀・地銀――合計が二〇〇〇年の三月末に、金額ベースで初めて全体の一割を下回っています。安定株主だった都銀・長銀・地銀といったところが不良債権処理に追われるなどして、保有株式の売却を一段と加速する一方で、個人や年金資金を運用する信託銀行が着実に保有比率を上げています。

中でも、一九九五年に初めて一割を上回った外国人投資家の比率が二割弱にまで達しており、現時点では外国人が持合解消によって放出された株式の最大の受け皿となっています。売買ベースで見ましても、これは資料2の投資部門別売買動向のグラフに示すように、最近の証券市場におきましては、委託売買シェアの五〇％以上を外国人が占めるまでになっています。

こうした株主利益に敏感な海外の株主とか、機関投資家による株式保有の増加といった状況の変化を受けまして、株主は従来のものを言わない主義から非常に積極的な行動主義へと転換しつつある様子がうかがえます。皆さんも新聞面などで「もの言う株主」とか「議決権行使」といった言葉を目にする機会が増えてきたと思います。日本の機関投資家自身も、投資先企業の突然の破綻を防ぐとともに経営破綻の原因を事前に察知しまして、株価への影響を最小限にするということとか、取締役改革によって収益力の向上を促進することはできないかといった問題意識を非常に持ち始めているようです。特に今年の株主総会などでは受託者責任を意識した機関投資家とか、個人株主が議決権を積極的に行使する動きが見られ話題になっています。

受託者責任というのは、もともとは英国とかアメリカにおける信託受託者が負う義務を指すもので、年金におきましては年金基金が加入者と受給権者に、また運用受託機関が年金基金に対して負う受託者としての責任のことです。運用管理者について言いますと、委任状投票の義務とか投票過程や投票決定の正確な記録をつける義務、それから、基金の投資価値に影響を及ぼす要素のみを考慮して、投票する義務などがあるとされています。

アメリカの年金基金とか、その運用を受託している投資顧問会社では、受託者責任なるものが明確化されてからは、議決権行使について社内ルールを定めて、実際に必ずそれに従って投票するようになっています。その際に特に重視しているのが、投資価値以外の要素を考慮してはならないというものです。当然ながら投資価値以外の目的で株式を購入してはならないということが含まれていまして、日本では取引関係増強などのために生保とか信託などの機関投資家が株式を取得することが一般的ではありますが、それは投資としては不適ということになるわけです。運用を委託した年金基金側からすると、受託者側の取引関係が強化されてもリターンが高くなるわけではありません。それは往々にして受託者自身の利益のためであって、委託者には余分なコストになってしまうわけです。

アメリカでは早くからこうした概念が確立しておりまして、法律上でも統一され明確に規定されています。一方、日本ではこうした法律はありません。年金運用などに関与する者の責任義務を定めた規定は各法令などに散在しており、その内容は不明確で統一されていない状態です。しかし、日本の株式市場の低迷が長く続く中にあって、海外の機関投資家の影響力を背景に、日本においても資産運用成績の低迷を打開するために議決権行使が非常に効果的であるという発想が芽生えて、最近の行動として現れ始めたものと思われます。

実際にいくつかの動きがありますので簡単に紹介しますと、早くから議決権行使の必要性を強調してまいりました厚生年金基金連合会では、昨年の一〇月に実効性のある議決権行使に向けて、国内株の運用機関に対し実務ガイドラインというものを作成して関係受託機関に提示しています。

この実務ガイドラインですが、より効果的、統一的な議決権行使を行う観点から、議決権行使に当たっての連合会の基本的な考え方であるとか、チェックポイント、その判断基準、留意事項などを具体的に示しながら、議決権行使に関する取組を、定性評価の要素の一つに位置付けることを明確にするなど、いわゆるコーポレート・ガバナンスの実効性を高めることを目的としているようです。受託者責任の観点からは、受託機関に対して、株主利益重視の経営と株主に対する適切な情報開示に重点を置いた効果的なコーポレート・ガバナンスの行使を求めるとともに、行使状況の報告を受けまして、各受託機関の評価管理の際に定性評価に反映させることを明確とした点がポイントとして挙げられると思います。実際、年金運用は非常に厳しい状況が続いているようでして、こうしたガイドラインに沿って収益改善のために運用機関を厳しく選別するということで、長期運用の哲学を欠いた運用機関にプレッシャーをかけているようです。

そのほかにも日本最大の公的年金である年金資金運用基金でも、国内株式の運用を委託する信託銀行であるとか、投資顧問会社などに対して、株主総会で議決権をどのように行使したかを確認する動きや、国内の機関投資家では最大級と言われている日本生命などでも株主総会における議決権を行使する基準を独自に見直す動きがあります。こうした背景にはやはり投資先の企業に、株主の存在を改めて意識させるねらいがあると思われます。

さらには証券投資につきまして顧客に助言して顧客に代わって資産運用をしたり、議決権を行使したりする我が国の投資顧問会社も態度を変えつつあります。年金から運用委託先として外されかねないという危機感の表れのようにも見受けられますが、業界団体の日本証券投資顧問業協会では本年の四月に、投資顧問業者が株主総会で議決権を行使する際の自主ルールというものを一二年ぶりに改定いたしまして、各社に社内体制の整備を求める動きも見られます。

このように最近では非常に多くの機関投資家とか投資顧問会社などの間で、株主総会で議決権を行使する際の基準づくりというものが進んでおりまして、実際に今年の株主総会でも会社側の提案を検討し、一部反対投票ないし棄権した例や、白紙委任状を出した例も多く見られたようです。

一方、個人株主の動きも非常に活発になりつつあります。個人株主が株主総会に議案を提案するケースも増加する傾向にあるようです。本年の株主総会でちょっと話題になったところでは、ソニーの個人株主が役員報酬の個別開示であるとか、女性役員の積極的な起用を提案し、雪印乳業の個人株主が社外取締役に消費者団体の推薦を受けた人物の起用を提案したり、雪印側がこの提案を受け入れたりするといった動きもあるようです。

株主提案の仕組自体につきましては、日本と海外、例えばアメリカなどでは大きな違いがあります。株主提案ができる保有株の基準ですとか、再提案の基準、提案形式などにつきましてはアメリカではより柔軟な仕組になっており、毎年活発な株主提案がなされていると聞いています。

そうした中で、今年の我が国の株主総会で一番話題に上がったものとしては、やはりアパレル大手の東京スタイルに対して、筆頭株主の投資会社のＭ＆Ａコンサルティングが大幅な増配などを株主提案をしたことが挙げられると思います。「プロクシー・ファイト」と呼ばれる国内では異例の委任状獲得合戦を繰り広げ、結果としてはＭ＆Ａの提案は反対多数で否決されたわけなのですが、会社側は二〇年以上変わらなかった配当を増やすことになりました。メディアでも大きく取り上げたのですが、他企業にも少なからず刺激を与えたのではないかと思っています。

その他、我が国の法律の面から、本年の四月に施行いたしました改正商法ではインターネットによる議決権の行使が可能になっており、今後株主総会のＩＴ化が進めば個人投資家とか外国人投資家の参加も、さらに増えていくのではないかと思っています。

このようにざっと紹介しただけでも、最近の株主行動の変化が非常に急であることが見て取れます。年金とか保険などの機関投資家は、出資する個人の利益のために行動する受託者責任を意識して、株主総会でも議決権を積極的に行使したり、個人の意見が機関投資家を通して反映されたりする最近の傾向は、かなり個人が証券市場の主要な主体になることを意味しているのではないかと思われます。こうした動きは、さらにコーポレート・ガバナンスへの関心を高めていくことでしょうし、今後の上場会社のコーポレート・ガバナンスの充実に、大きな役割を発揮することが期待されます。

一方、上場会社自身も非常に経済のグローバル化が進み、海外企業との競争が激化するなどでかなりの経営環境の変化を受けて、今まで以上に機動的な事業運営や事業展開を行う必要性が高まっています。国際社会から評価されるコーポレート・ガバナンスの実践が求められる状況になってきているなど、コーポレート・ガバナンスの充実に関する動きは今後もますます進んでいくと思います。

5　海外証券取引所の取組

このように最近日本でも株主行動にも大きな変化が表れるなどして、コーポレート・ガバナンスはいよいよ実践の段階に達したような様相を見せています。実は私どもでも既存商品の投資魅力向上のために、最大の課題ととらえて取組を始めています。こうした日本の市場開設者との比較対象としてよく取り上げられるのが、欧米における取組です。このフォーラムでは以前にＮＹＳＥ（ニューヨーク証券取引所）のシャピーロ氏から、エンロン問題などを絡めて、アメリカのコーポレート・ガバナンスへの取組についての話があったかと思います。その点についてはは内容があまり重複しないようにアメリカ・イギリスあたりの取組を証券取引所の関与を中心に紹介しながら、東証の具体的な取組について話したいと思います。

まずアメリカでは一九八〇年代以降に、敵対的な企業買収による経営効率化とか、機関投資家による取締役会の強化などが展開されてきましたが、ＮＹＳＥなどではさらに以前より、いわゆる社外取締役の最低員数など、統治機構について最低限望まれる水準を上場規則に定めるなどの方法で直接コーポレート・ガバナンスに関与しています。これはアメリカには連邦レベルで統一された会社法が存在せず、実際は各州の州法に基づいて会社が設立されていて、その中でも一般に規則が緩いと言われているデラウエア会社法によって設立されているものが多数を占めているという国情から、要求されるに至ったものと考えられます。

ＮＹＳＥで以前から規定されている上場規則の一部を紹介しますと、一九五六年以降すべての上場内国会社に対して取締役会のメンバーのうち少なくとも二名は社外取締役、いわゆるアウトサイド・ディレクターであることを要求しています。この要請は一九六四年に規則化されていますが、当初は投資家に対して会社の経営情報を適切に開示させるため、その業務を担当する者として設置が求められた経緯があります。また、一九七七年には一連の企業不祥事を契機として、会社経営には直接関与せず、かつ委員として独立した判断を下すうえで障害となるいかなる関係も有していない取締役会が認める取締役、いわゆるインデペンデント・ディレクター（独立取締役）のみで構成される監査委員会を設置する旨の規定を設けるなどの対応を、ニューヨークは図っています。

最近の目立った動きとしましては、エンロン問題を契機としたコーポレート・ガバナンスの強化策の公表が挙げられますが、この点は私なりの感想を交えて紹介するにとどめることといたします。

これはＳＥＣ（証券取引等監視委員会）から要請を受けて、設置された特別委員会の提言に基づくものですが、改正の内容を見ますと、取締役会の過半数を独立取締役としたり、監査委員会以外にも独立取締役のみからなる委員会の設置を求めたりするほか、いわゆる独立取締役の要件を強化するなど、主に取締役に対する義務の強化に焦点が非常に当てられていて、ほんの少し前まで名誉的なイメージが強かった独立取締役について、より実質的な役割が求められる可能性が出てきたような気がいたします。

また取締役に対する啓発活動につきましても、今後何らかの具体的な措置を行っていくことが明らかとなっているようですが、こうした背景には、これまでのガバナンス先進国と思われてきたアメリカが実際は相当掛け離れた状況にあり、反省すべき点が多々あることを如実に示しているとも言えるのかもしれません。NYSEとかナスダックとしましても、もの言わぬ取締役を、もの言う取締役としていくためにも啓蒙活動は重要であると認識しているようですが、今後アメリカの自主規制機関が具体的にどのようなプログラムを実施していくのかという点についても、日本でも参考にはなると思っています。

それと並行して、アメリカ政府により企業改革法が可決・発効される動きも見られます。アメリカ型のガバナンス制度を、アメリカ市場に株式を公開するすべての企業に適用する内容となっていることから、現にアメリカ市場に上場している日本企業に影響が及ぶと思います。その影響については、かなり我が国にも波紋が広がっておりまして、今後SECがどのように対応していくか、非常に注目が集まっているところです。

次に英国はどうかといいますと、これまたアメリカとは異なった関与がなされています。まず英国におけるコーポレート・ガバナンスの進展過程については、その基本的な動きを指導したものとして、高度に包括的、意見集約的な方法で策定された三つの委員会による報告書が挙げられると思います。イギリスでは八〇年代後半から九〇年代初頭にかけまして企業不祥事が表面化し、それを引き金としましてコーポレート・ガバナンスをめぐる議論がかなり活発化してきました。

その中でまず企業の財務的側面に焦点を当てるために設置されたのが、キャドバリー卿を委員長とした委員会ですが、取締役会内部における権限の分化とか、非業務執行取締役、ノン・エグゼクティブ・ディレクターの役割の強化や、機関投資家の役割の確認などに関する規範が公表されたわけです。続いて三年後の一九九五年に、今度は民営化企業の取締役報酬に対する関心・批判の高まりを受けまして、グリンブリー卿を委員長とした委員会が設置されました。非業務執行取締役による報酬委員会の設置とか、取締役報酬に関する情報開示の強化についての規範が公表されたわけです。さらに両委員会の報告内容の実施状況を調査するために設置されたのが、有名なハンペル卿を委員長とした委員会ですが、九八年にコーポレート・ガバナンスのあるべき姿としてより柔軟性を持たせたコーポレート・ガバナンスの原則が示され、そのうえで、これまでの報告書を統合した統合規範が策定・公表されるということになっています。いずれも英国を代表とする諸団体とか組織が参加しており、年単位の時間を費やして多様な主張を総合的に集約した内容となっていることに意義があるかと思っています。

ロンドンのストック・エクスチェンジは、各報告書の策定段階から積極的にかかわっていまして、企業の自主性を尊重しながらもアカウンタビリティーに基づく情報開示を重視するという観点から、コーポレート・ガバナンス原則と最善規範を上場規則の別添として採用することとしています。そして上場会社の年次報告書において、その原則がいかに適用されたかについて株主が評価できるような叙述的な記述とか、最善規範を遵守したかどうかの記述、遵守できない場合はその理由の開示などを求めることとしています。

すなわちロンドン証券取引所では、証券取引所がコーポレート・ガバナンスについてベスト・プラクティスという一定のあるべき姿を提示したうえで、上場会社に対して自主的な取組についての開示を促しており、その取組のよしあしは市場の判断に委ねるというスタイルです。アメリカにおける関与の仕方と比較しますと、比較的柔軟なコーポレート・ガバナンスの充実策であるかと思います。

6　東証の取組

さて、そこで日本はどうか、いよいよ本論に入るのですが、上場会社のコーポレート・ガバナンスに対する議論が高まりを見せ始めたのは、つい最近のことです。私ども東京証券取引所といたしましては、上場会社の意識を高めて、主に上場会社の自主的な取組を促す施策に注力してきたところです。現在東証には二、一〇〇社を超える会社が上場しています。これらの会社は株主とか経営者、従業員、取引先、債権者など、さまざまなステークホルダーが複雑に関与しています。

企業は株主のものであるという考え方が定着しているアメリカでは、コーポレート・ガバナンスというのは株主利益の最大化のために、企業の意志決定に影響力を行使する手段、方法、制度なども含む概念としてとらえられています。株主は残余利益の請求者として事業のリスクを最終的に負担する代わりに、所有者として投資利益を追求することを目的としているわけで、株主は投資利益の最大化を目指して会社を統治することを前提としています。ここから、株式会社の目的は、株主利益の最大化であるという議論に至っているようです。

一方、日本では会社は株主の利益だけではなくて、社会全体に責任を負っているという考え方に基づいて、株主をステークホルダーの一つとみなし、企業の繁栄とかステークホルダー間の長期的な信頼関係に強い関心を示す傾向にあるようです。株主利益の最大化を追求する経営を行うことは、時には企業の長期的な繁栄とステークホルダーに分配されるべきパイを増大させることの妨げになる場合があるといった指摘がなされるようですが、要するに経営者の仕事というのは株主利益追求とか、ステークホルダーの利害調整かといった議論でして、これが往々にして会社は株主のものか否かといった形でナーバスに議論されてきたということだと理解しています。私ども東京証券取引所では、どちらの考え方に立つにせよ企業がコーポレート・ガバナンスを意識して、自社における株主の位置付けを改めて問うことにより少なからず株主と投資家重視の経営につながり、上場会社の投資魅力の向上へつながるはずだと考えているわけです。

実はコーポレート・ガバナンスという言葉がなかった一九七〇年代あたりから、東証では株主重視の経営を上場会社に対して積極的に訴えるとともに、具体的な施策も講じてきています。いくつか紹介しますと、上場会社の貸借対照表に表示される「純資産」の呼び方に関して、「株主資本」という言葉を東証の上場規則上の正式な呼称として用いることにしました。これは会社は株主が拠出した資金を元手に事業活動を行い、そこで得た利益を還元するものという意識を高めてもらうための施策でして、現在でも東証の上場規則では「純資産」のことをすべて「株主資本」と表記しています。

また昨年、商法上の規定もなくなりました額面制度に関連する話ですが、九〇年代初めには時価で株式を発行して資金調達しながら、配当については額面の一割程度でお茶を濁す風潮があることを受けまして、上場会社が決算発表に用いる「決算短信」という書面の様式を改定して、新たに独立した欄を設けて配当政策について記載してもらうよう上場会社に要請しました。これは株主に対する利益配分のあり方について問題提起をすると同時に、経営者の利益配分に関する基本方針を有用な投資判断として投資家に提供するための施策です。その後、法定の開示資料である有価証券報告書でも取り入れられています。こうした施策は上場会社に対する重要な問題提起になりえたと思いますが、株式の持ち合い構造が固く守られている中では、株主重視の経営スタイルがすべての上場会社において目に見えるような形で浸透するまでには、なかなか至るものではなかったと言えます。

最近では先ほど紹介しましたように、持合解消の進展とか株主利益に敏感な外人株主であるとか、機関投資家による株式保有の増加といった状況の変化を受けまして、企業も株主に背を向けたと取られかねないような態度をとり続けにくくなっていると言われています。

欧米では、ＣＥＯですとかＣＯＯなどの会社の業務執行に当たる機関と、その業務執行の適法性や妥当性を監視する機関とを明確に分離しています。監視機関である取締役会には、社外、特に独立した人材を起用するということで、株主利益の最大化と企業不祥事の防止を図るといったガバナンス・システムが普及しているようです。

これに対して、我が国では、同様に監視機関として取締役会というものがありながら、ほとんどの取締役が業務執行の責任者に当たる社長によって登用され、社長の命を受けて日々業務執行に当たっているため、商法が取締役会に期待するような監視機能がまったく働かず、これを補完すべき監査役についても同様な問題を抱えており、企業の不祥事が多発化しているという指摘があります。

そうしたこともありまして、商法の中でも特に最近は監査役機能の強化とか委員会制度の選択制の導入とか、ガバナンス・システムに係る部分の改正がなされており、ようやく基本的な枠組みが整いつつあるといった状況になっています。東証がコーポレート・ガバナンスに関与するといいましても、コーポレート・ガバナンスが求められる背景が国によってかなり違います。証券取引所が上場会社のコーポレート・ガバナンスに対してかかわる場合のかかわり方も国情によって違います。先ほどご紹介した欧米における証券取引所の関与の仕方を見ても相当な議論をしています。

東証では四年前からアンケート調査を行っており、コーポレート・ガバナンスに関心があると答える会社が九八％と、相当高まっています。このアンケート調査を踏まえて、ガバナンス・システムを見直していただくべく、一九九九年に、ガバナンスの充実を要請する文書をすべての上場会社に送っています。ガバナンスに関

資料3　取締役会機能強化のための具体的施策の実施状況

取締役会機能強化のための施策の実施状況

回答内容	社数	割合(%)
a.既に実施してる	785	59.9
b.実施していない	520	39.7
回答なし	5	0.4
合計	1,310	100.0

「すでに実施している」と回答した会社(785社)の具体的な施策(複数回答)

回答内容	社数	割合(%)	全体の割合(%)
a. 社外取締役の選任	261	33.2	19.9
b. 取締役の人数の削減	363	46.2	27.7
C. 執行役員制度の	279	35.5	21.3
d. 取締役の報酬制度の見直し	131	16.7	10.0
e. その他	219	27.9	16.7

注：全体の割合は、アンケート回収会社1,310社中に占める割合である。

(出所：東京證券取引所(2000年9月)「コーポレート・ガバナンスに関するアンケート調査」)

する取組状況とか、今後の計画などの開示で、東証ではガバナンスを考える場合に避けて通れない、いわゆる経営者としてのアカウンタビリティー向上というためにも、上場会社に相当な協力を呼び始めています。

具体的には、その年の中間決算からディスクロージャーの迅速性を確保する決算短信の資料の中に「経営方針」と「経営成績」の欄を設けて、上場会社に記載をお願いしているわけです。少し前の我が国のディスクロージャーは、売上高とか経常利益の金額といった会計情報を中心とする、定量的な数値情報の開示が主体だったわけですが、一方で経営活動の成果が経営者のいかなる経営方針や経営活動から導かれたものなのか、会社の現状とか将来を経営者がどのように分析してどのように見通しているかといった、いわば定性的な情報の開示は、アナリストへの決算説明などに代表される企業の自発的な努力に、かなり委ねられた感があります。「経営成績」、「経営方針」の欄については、経営者が投資家に対して自らの経営理論とか実践の結果としての経営成績の評価・分析を自由に語っていただくことを念頭に置いたものです。実際これらの欄を利用してメッセージ性の非常に高い開示をお願いしているわけです。

東証ではいろいろな要請をかなり実施してきているわけですが、ガバナンスに関する啓蒙・啓発活動にも力を入れています。昨年もＩＣＧＮ（国際コーポレート・ガバナンス・ネットワーク）東京会議を行いました。我が国でも次第にコーポレート・ガバナンスの認知度の高まりを表す動きが急になっています。

資料3として、私どもが実施したアンケートの一部を抜粋したものをお付けしました。紹介したいのは「取締役会機能強化のための具体的な施策の実施状況」です。前回の調査からちょうど二年経過しましたが、ちょうど今上場会社に対するアンケート調査を行っています。調査結果については速報ベースででも近々ホームページで公表させていただきます。

7　今後の方向性

今後の方向性だけ簡単に申し上げます。これまで紹介してきましたように、証券市場では機関投資家とか外国人投資家の影響力が増していることから、企業のコーポレート・ガバナンスの優劣というものが国際競争に大きな影響を与えていくことが当然の時代になってきています。先のＧ7、主要先進国首脳会議でも、初めてコーポレート・ガバナンスに関する内容が取り上げられていたようですが、世界的なレベルの議論に発展しているということは周知の事実です。そのような中で、実際に東証上場会社自身のコーポレート・ガバナンスに対する関心も相当程度高まりを見せるようになりました。自主的な取組の姿勢を示す動きも、多く見られるようになりました。

最後に、こうした状況を踏まえて今後東証がどのようなスタンスで関与していくか、その方向性について簡単に申し上げます。先ほども申し上げましたが欧米の証券取引所では一定のベスト・プラクティスに沿った開示や、外形基準の上場規則化などを通じて上場会社のコーポレート・ガバナンスに対してより深く関与しており、日本でも証券取引所によるいっそうの深い関与への期待が高まっている状況です。

しかし、私どもがこれまでの取組を通して意識してきたことは、コーポレート・ガバナンスとは企業価値を高め、さらに株主・投資者への信任を得るために経営者自らが明確な意志を持ち、その会社に最も望ましい仕組を追求していくべきものであるということだと思います。単に固定されたシステムを導入すればよいというものではないことはガバナンス先進国と言われているアメリカのエンロンの破綻事例などでも反省が見られるところです。

そうした意味からしますと、これまで紹介しましたような上場会社を取り巻く環境の変化を踏まえて上場会社自身から自発的にコーポレート・ガバナンスの充実を図ろうという動きが見られるのは、本来あるべき姿として非常に歓迎すべきものです。しかし、そうした中で今後、魅力ある投資対象を投資家に提供することはもとより、証券市場の構造改革に資するように現在見られる上場会社の自発的な改革を、さらに加速させるような施策を適宜打ち出していくことが必要であると考えています。

まず、短期的な視点では、コーポレート・ガバナンスに関するディスクロージャーをいっそう充実させたいと思っています。この点についてはすでに上場会社に対して、決算短信上で「コーポレート・ガバナンスに関する取組状況」として定性的な記載をお願いしていますが、これを必要的記載事項として開示を義務化することを考えています。具体的には、平成一五年三月期の決算発表から実施することを検討しているところです。

また、その場合の実際の記載内容につきましては、各社にそれぞれ委ねることを基本としつつも、開示が望まれる事項など具体的な記載要領をガイドブックなどで例示することも併せて検討しています。

中長期的な視点としては、国際的な動向を踏まえて、上場会社のコーポレート・ガバナンスの充実を実効的なものとする取組も強化していきたいと考えています。具体的には市場開設者としての東証が、東証上場会社として望ましいコーポレート・ガバナンスのあり方について本質的な考え方を整理し、コーポレート・ガバナンスに期待される機能を各上場会社が発揮するために、採用を検討すべき施策などについて事実上のスタンダードになりうるようなガイドラインを取りまとめ、広く普及・促進していくことが適当ではないかと考えています。

先月、私どもではそうした考え方や施策の取りまとめの場として、有識者による委員会を設置するということを発表いたしました。実は一二月二四日に第一回のコーポレート・ガバナンス委員会を開きます。私も委員として参加をしますが、今後一年程度を目途に取りまとめていきたいと考えています。議事要旨につきましては、ホームページで公表していく予定です。ご興味のある方は、どうぞそちらをご覧いただければと思います。

（二〇〇二年一二月一〇日）

聴取者の質問 Q&A 演者の回答

Q　東証が証券会社を検査する時、東証独自の考査のルールに従って証券会社を徹底的にチェックする形になっていますが、どうも証券業協会と東証は焦点が少しずれているのではないのかと思います。その意味からいうと、内部管理統轄責任者というものを東証はどうのように考えているのかということが、まず第一の質問です。

次に、一般企業が上場される段階では極めて過酷といいますか、綿密な手順を経て、二部、一部と上場されているわけですね。東証は上場した後ではそれをフォローアップしているのかどうか。これがほとんど見逃されているのではないのか。もしそのようなことがフォローアップされているのであれば、最近一〇年間にわたっての不祥事件はかなり防げたと思いますがいかがでしょうか。

A　私が今担当しているのは上場部・企画担当というところなのですが、自分の業務からいって、二点目の質問のほうから答えさせていただきます。

確かに、おっしゃるように新規上場の、上場審査の段階のところでは内部統制機能ですとか、その他もろもろ含めて、もうこれは外部の世界、アメリカなどと比べても多分世界一厳しい審査と言われているところもあります。実際ディスクロージャーの面が始まったのが一九九九年の規則改正で、これまでの規則を全面的に見直して、ディスクロージャーの規則を入れたというところから始まっていますので、諸々の問題点があるというのは、素直に認めなければならないと思います。

今、実際にやっていることは何かと申しますと、決算短信、すなわちディスクロージャーの充実というところがすべてでして、現実問題、上場部の担当者の数からいって二、〇〇〇社を相手にしているわけですから、一定のフィルターといいますか、線引きをして、例えば、一部の会社でしたら一部から二部への指定替え基準とか、二部と一部の会社でしたら上場廃止基準とか、そういうところの信頼性の向上という観点から、廃止基準の強化や一部から二部への指定替え基準の強化とい

聴取者の質問　Q&A　演者の回答

うところも図っています。そのような審査の面と、あとは今おっしゃったディスクロージャーの面。この両面から、実際上場会社を見ているわけです。

コーポレート・ガバナンスに絡めてもお話ししますと、東証がこれまでやってきたところを一歩超えて、例えば参考として、上場会社に対してわかりやすいガイドラインのようなものを示すとか、決算短信の中に取り込んでいったりするなどしてディスクロージャーの面を強化していくということを、中長期的な観点で考えています。

第一の質問については、証券業協会との関連でどうなるのかと考え、そこは今後の課題だと受け止めています。

第10章

日本企業の経営革新と商法改正

コーポレート・ガバナンスの視点から

永井和之

中央大学法学部教授

1　はじめに――商法改正と経営革新

日本企業の経営革新と商法改正ということを私なりに理解してお話をさせていただきたいと思います。

商法改正と経営革新ということですが、いったいこの両者はどのような関係にあるのだろうかということで一番問題になるのが、総合規制改革会議が出している意見書です。その中で、商法改正が非常に頻繁に行われてきているが、結局、会社法全体の整合性というのはいったいどこにあるのだという指摘があります。いわば新しい商法、二一世紀の商法というのはどのようにあるべきなのか、そこが今問われているということです。

そのような中で、二つの考え方の対立があるわけです。一つは規制緩和で、会社法も規制緩和対象としてモデル法にしていくという考えです。ここでは商法は一つのモデルに過ぎない。商法という一つのモデルを提供するから、あとはそれぞれの企業が自分なりにそれを変形して、自分に合った企業組織をつくりなさいということです。それに対して、他方では、企業組織法である会社法を中心とする商法は、規制をするということが大事なのだ、規制法なのだという考えです。この二つの大きな考え方の対立があります。

規制緩和をし、自由化をして、経営者が独自の経営判断で、自由にそれぞれ独自の企業組織をつくっていくことができるならば、そこでは多くの経営革新も可能になるかもしれません。しかし、その反面として、そこに無責任な経営、または企業不祥事が多発する、放漫経営が行われるというようなことがあったのでは、これは企業組織全体にとってみればかえって大きなマイナスになります。このせめぎ合いの中で、会社法が二一世紀においてどのような姿をとるべきか、これが会社法の現代化の大きなテーマだという指摘です。このような話を、以下順次していきたいと思っています。

2　規制法としての会社法（1）――株主の観点から

まず、歴史的に見れば、会社法というのは規制法です。さて、会社法を規制法として考える場合、会社をなぜ規制するのか、なぜ企業組織を規制するのか、このことをまずご理解いただかないと、冒頭に述べた規制法かモデル法かの議論も必ずしも十分にご理解いただけないのではないかと思います。

会社法が規制法として出発した理由は、いくつかあります。その出発点は会社、企業組織というのは、取引の相手方からいえば取引の相手です。その企業組織の誰と取引したらその企業との有効な取引になるのか、そして、その結果について、誰がどのように責任を負ってくれるのか、こういったことが明確になっていなければ非常に困るということです。企業組織の内容が、個別企業ごとに各々ばらばらである、千差万別であるとしたら、取引ごとに相手企業の実態を調べないと、本当にその人と取引してその企業との取引になるのか、それについて誰がどのような形で責任を負ってくれるのかわからないことになります。これではかえって企業取引の迅速性が害され、全体的に見れば企業活動というものが低下してしまいます。

そこで法は、企業組織形態というものを類型的に分けて、「企業組織、例えば株式会社というのはこのような組織です。だから、その株式会社という組織と取引する場合には、代表取締役と取引しなさい。その取締役の権限の範囲はこうです。そのような取引が有効に成立した場合、責任を負うのは誰で、こういう形で責任が確保されます」といいます。会社法においてはこういったものを画一化することによって、企業取引の迅速性を保障し、企業取引を活性化しているわけです。簡単に言えば、法定された企業組織は企業組織の既製服なのです。既製服といってもいろいろなサイズが必要になりますが、それが各種法定された企業組織形態となります。

　では、どのような既製服を作っておけばニーズに応えられるのでしょうか。法は、まず個人企業を規定し、そして共同企業形態を法定しています。この共同企業の中にも組合企業と会社企業、会社企業の中にも合名会社、合資会社、株式会社、有限会社があります。我が国の場合はこのような企業形態を法定することによって、営業活動をしたい、利潤追求活動をしたいと考える人たちがつくるべき企業組織のニーズに、ほとんど応えられるだろうと考えているわけです。

　そのような形で企業組織というものの内容をいわば法定してしまえば、取引の相手方から見ても株式会社といえばあのような組織、有限会社といえばあのような組織と、すぐわかるようになる。そして商号といって、会社の名前の中に会社の形態を、株式会社だとか有限会社だとか入れさせて、その商号を見ればどのような企業組織か明確になるようにしておいて、商号を見ただけで取引の相手方がきちっとわかるようにしておく。このような形で規制法というものが出発してくるわけです。ですから、同じ株式会社と言いながらも、あまりいろいろな形の株式会社があっては本当は困る、単純化しておいてほしいというのが出発点です。だから、規制法としての商法における企業形態は初め、本当に既製服としてA型、B型、C型といったものしかないというような状態で始まってきたわけです。

　そうは言いながらも、日本の場合、とりわけ株式会社の中において大きな変化が出てきました。というのは、もともとそうだったのですが、日本の株式会社の八、九割が個人的な、同族的な会社であり、公開会社ではありません。ところが、本来商法が予定していた既製服としての株式会社は、そういったものではありません。それは、資本集中の制度としての株式会社というものだったのです。このあたりは経済学部を出た方は、大塚久雄先生の『株式会社発生史論』などを読んで勉強したことがあるのではないかと思います。どのようなことかと言いますと、先ほどの法律上の企業形態を分けているキーワードは、出資者の数なのです。いわば個人企業より共同企業のほうが出資者が大勢いる。当たり前ですね。その共同企業の中に、組合企業と会社企業がある。

組合企業というのはどのようなものかと言うと、Aさん、Bさん、Cさんがいて、Aさん、Bさんが「一緒に共同企業をやりましょう」、Aさん、Cさんが「一緒にやりましょう」、Bさん、Cさんが「一緒にやりましょう」と、お互いに契約を結んでいくと、ABCが人の輪をつくって一つの共同企業体をつくっていくことになる。これが法的な意味での組合企業です。このような組合企業で共同出資者を集めていくという時、例えば、このAさん、Bさん、Cさんに、もう一人Dさんが加わったらどうなると思います？　このDさんはAさんと契約、Bさんと契約、Cさんと契約。一人加わったことによって三つの法律関係が内部に増えていく。算数の得意な人は、n×(n−1)÷2というのが、この内部的法律関係が増えていく原則だというのがわかると思います。このような形で、一人増えることによって相当の数の内部法律関係が増えていく。しかもこの組合企業という形で集まっている場合は、対外的な取引活動も組合員全員の名前で取引するから、組合員全員にこの権利義務が帰属してくる。そうすると、対外的な法律関係も出資者が増えてくると、大変な量に増える。ということは、組合的な共同企業というのは、そんな多くの出資者を集められない。また、対外的な法律関係も複雑だから、それほど長期的な共同事業体には向いていないということになります。

だから、現実の世界において組合企業というのは、多くの場合、例えば公共工事などを、大手のゼネコンと地場のいろいろなゼネコンや下請けなどが共同企業体を組んで受注しているような時の、ああいったのが、法律的な組合企業です。漁業協同組合とか生活協同組合は、別の特別法によるものです。

そうすると、もっと出資者を集めて共同事業体をつくりたいという需要がありますね。それに応えるシステムとして、会社企業が生まれるわけです。会社企業というのはどのようなものかと言うと、社団という形で人が集まるのです。どのようなことかと言うと、Ａさん、Ｂさん、Ｃさんが三人で合同して、一つの社団という団体をつくりあげる。だから、Ａさんはこの団体に対する権利義務を持つ。Ｂさんも団体に対する権利義務、Ｃさんも団体に対する権利義務を持つ。こういうような人の集まり、社団という形で集まると、出資者についてＤさんが増えれば、内部的な法律関係は一つ増えるだけ、さらにＥさんも増えるのであればまた一つ増えると、出資してくる人の数しか内部的な法律関係は生まれてこない。さっきの組合の場合の、内部的法律関係の数の増加の率と全然違うでしょう。

そして、この社団という一つの団体に、権利能力、法人格が与えられれば、対外的な取引活動は法人の名前で取引するから、対外的には法人に権利義務が帰属する。対外的な法律関係も一つで済む。とすれば社団企業、いわば会社企業のほうが出資者を集められるし、対外的な法律関係は簡単な形になるというわけで社団企業、会社というのが生まれてくるのです。

この会社企業の中でも、出発点となったのが合名会社です。合名会社は出資者全員が経営に参加する会社で、いわば個人企業主が、合同して集まったようなものです。だから、その企業の行為の結果については、出資者全員が直接連帯無限責任を負う。これが合名会社です。

でも、合名会社に出資しておきながら誰かに経営を任せるような出資者が、出てくるでしょうか。よく学生に言うのですが、「夫婦でも、夫婦別産制で亭主がつくった借金について、奥さんが連帯無限責任を負わされるわけではない。合名会社に出資して合名会社の仲間になると、誰かがつくった借金について直接連帯無限責任を負わされる。だから、合名会社に出資するというのは夫婦以上の仲になることだ。そんな強い信頼関係がないと成り立ち得ない会社、共同企業、それが合名会社である」と。世の中で運命共同体になっていいという仲間が、そんなに大勢いるわけがない。そうすると、合名会社という形で出資者を集めて資本を増強していくというのには限界がある。もっと資本を増やしたい、もっと出資者を増やしたい場合には、合名会社ではだめだということになる。

そこで、「出資はしてもいい。その代わり有限責任を認めてくれ。無限責任はかなわない。有限責任にしてくれるなら出資してもいい」というくらいの人は出てくるかもしれない。近代は、自分がやったことについては自分が無限の責任を負うのが原則です。無限責任を負わないなら、その行為をするなということです。そこで、有限責任の利益を享受したい者は経営に参加するなということで、経営を行う無限責任社員と、経営を行わない有限責任社員の共同企業体、合資会社が生まれて、この有限責任社員の分だけ合名会社形態より共同出資者が集められる。これが合資会社です。このような形で出資者を増やすことができて、かつ資本を増強できる形態がどんどん分化していくわけです。この合資会社でもまだまだ限界がありますね。経営をするのが無限責任社員だけだと、その人が事故にあったり病気になったり、いわば経営能力が問題になった時には、もうそれで企業の存続がおしまいになってしまう。とりわけ産業革命で巨大な資本を集めなくてはいけなくなってくると、人々の間で一時的に遊んでいるお金を出資することができるような、共同企業体が求められてくる。一時的に遊んでいるお金を集めるためには、必要な時に必要な分だけ投下資本の回収ができる共同企業体をつくらないといけないというわけで、出資を細分化された割合的単位で行う。すなわち株式制度を利用した株式会社ができてくる。そして一時的に遊んでいるお金を出資して無限の責任を負わされては困るから、出資者みんなが有限責任ということになる。このような形で株式会社というのは生まれてくるわけです。

けれども、株式制度、有限責任とくれば、株主たちは有限責任となる。いわば近代の個人責任の原則である無限責任を負っていない。無限責任を負わない人たちが会社経営をやって、自由に社会活動をしていいのか。

そのような無限責任の原則の例外があるなら、そこに、こんどは反面において、会社債権者の保護が必要になる。ここで、法は、株式制度・有限責任制度を採用する反面に、資本に関する原則というのをつくり、会社債権者の保護を図るというシステムをつくった。株式制度、有限責任制度、資本に関する原則という、大きな三つの特質をもった共同企業体、株式会社をつくり上げたのです。

　このように企業形態をある程度法定して、いわば法が、定食のメニュー、既製服としての企業形態を用意しておけば、企業活動を営みたい人は、それぞれの需要に応じて法定された企業形態の中から、もっとも自分の需要にかなった企業形態を選択して、企業を設立することになる。こういうことで会社法はでき上がった。ところが、先ほど述べたように、日本の場合は株式会社といっても、そのような建前の株式会社と全然違う、ファミリー企業が多くを占めている。中小企業が多くを占めている。同族企業が占めている。

　こうなってくると、規制緩和が問題になってきます。理念的な株式会社を前提にした規制を緩めるか、緩めないか。冒頭に述べた規制法としての株式会社と、それに対する緩和という問題が、ここにまず出てきた。昭和四一年に初めて「株式譲渡について取締会の承認を要する」と、定款で定められる譲渡制限会社、いわゆる閉鎖会社が認められた。法律上、理念的な公開会社ではない株式会社を認めてしまった。ある意味では現実に譲歩した。昭和四一年、資本自由化の年です。

　平成二年の改正では、本来、理念的な株式会社と異なる株式会社を追い出そうというような改正を目的としようとした。けれども全国の商工会議所をはじめとする反対に直面して、結局は株式会社に最低資本金一、〇〇〇万円を導入し、有限会社に最低資本金三〇〇万円を導入して終わってしまった。大山鳴動ネズミ一匹ものであった感がします。

　そのように、資本集中の制度としての株式会社というものの中に、異質なものが現実にはあるわけです。だから、こちらの中小企業のほうから言えば規制緩和、そして公開企業、理念的な会社のほうからは、依然として規制を強化していこうという発想が従来あった。そのような中で規制強化というものの中の、大きな柱になっているのが、一つは株主有限責任ということからくる規制強化です。先ほどの株主有限責任を取る以上は、資本に関する原則、これをきちんと守りなさい、このような規制が出てきている。

それから、株主有限責任で、株主が有限責任なら経営にタッチするなと、二五四条二項、「定款を以ってしても取締役が株主たることを要すと定めることを得ず」と、強行法的に取締役資格と株主資格を切り離した。強行法的に所有と経営の分離を行った。こういうように所有者と経営者が強行法的に分離されると、どのようなことになるのか。経営者は所有者から経営の委任を受けて経営をするとなれば、経営者たちは自分の経営結果を、所有者である株主に報告しなくてはならない。それを踏まえて所有者が経営者を監督するシステムが必要になる。この監督システムをどうやって構築するか、このような中で二八一条、計算書類というのが重要なものに浮かび上がってくる。代表取締役たちが計算書類を作って取締役会に出し、取締役会が承認した計算書類が監査役に回されて、監査報告書が出てきて、その計算書類と監査報告書が二八三条二項で定時総会の招集通知に添付されて、株主のところへ行く。はっきり言えば、株主さんたちは計算書類と監査報告書を見て、経営者たちがちゃんと経営しているかどうか、どのくらい業績を上げているかどうかを監督することになる。これが一番大きな監督システムとして採り上げられた。

だから、計算書類というのは、最初の意義は、経営者が株主に対して自分たちの経営結果を報告するものとして位置付けられてきた。株主のほうから言えば、経営者を監督する、業績評価をする材料、これが第一の商法上の計算書類の意義です。それが第二義的には債権者のために使われるようになった。二八二条二項で「債権者も閲覧できる」となって、債権者のための機能も果たすようになった。商法上の計算書類というのは、このような株主の保護、債権者保護のための意義を持つのであって、証券取引法上の財務諸表の投資家保護の意義とは違うわけです。投資家というのは絶えず株の変動によって株の売買をするわけだから、株価に重大な影響のあることはすぐに報告してくれないと困る。経営者たちに対して株主が監督する手段という場合、経営者の経営を監督するに当たって、そのようにちょこちょこ報告させて短期的な経営などをやらせたら、経営者たちは十分な長期的な視野に立った経営ができなくなる。だから、少なくとも一年に一回でいいということになっていく。

所有と経営の分離の中で、経営者が所有者に経営報告するという、計算書類規定以下が生まれてくる、定時総会の規定が生まれてくる。こういうように規制法というものがどんどん生まれてくるわけです。所有と経営の分離の中の、本来の建前の中で、現在の株式会社法の基礎が生まれたのです。

ここまでの話では多くの出資者がいることによる規制、所有と経営が分離されたことによる規制、あくまで株主と経営者との間の規制、このような発想ですね。そして、会社は株主のもので、けれども株主は会社所有者だといっても有限責任だから、本来無限責任を負っている所有者とは少し異なるのではないか、その私的所有権は制限されるということですが、そのような発想だけで株式会社を考えていいかという疑問が提起されるわけです。

3　規制法としての会社法（2）――コーポレート・ガバナンスの観点から

例えば、戦前の「企業自体の思想」というものがあります。先ほどの個人企業、自分が出資して企業をつくった場合、この財産は自分の所有物だから煮て食おうが焼いて食おうが自由だということである。今度は共同企業、二人で企業をつくれば二人の所有物だから二人が自由に使用し、収益を処分する。その二人が組合的ではなくて社団的に集まる。株式会社も同じことだから、株主の基本的地位と個人企業主の企業組織における地位は実質的に同じなのです。ただ、単独か複数かというだけが異なる。そのような私的所有の発想で、株式会社までの企業組織ができ上がっていますが、その発想でいいかどうかという疑問が提起された。ここでいう「企業自体の思想」というのは、大まかにいって、次のような考えです。すなわち、企業というものが資本家の所有物、出資者の所有物だという考え方の下で戦前に何が起きたか。財閥などが出てきて、三井家だとか住友家などが生まれて、その財閥による、財閥のための企業というような形が生まれている一方で、地方では何が起きていたか。農村が疲弊し、女工哀史があり、また人身売買的なものまで行われていた。おかしいではないか。企業をそのような私的所有物としてとらえていていいのか。企業というのは社会全体の公器ではないのか。これがドイツのラテナウなどが提唱した「企業自体の思想」です。

ところが、こういったような全体主義的な考え方と資本主義、また共産主義、この三つが対立して第二次世界大戦にぶつかって、ファシズム、全体主義が負けた。すると戦後はどんなことが起きてきたか。戦後は企業の民主化だ。企業を単に資本家の所有物ではなくて、労働者もそこに経営者と、資本家と同じような対等な立場を持つべきだ、経営に参加できるべきだというような形で、いろいろな理論が提唱され、運動も行われた。そういったことの中で唯一結晶したのが西ドイツ――今はドイツですが――の共同決定法で、株主の選んだ監査役と、労働者側が選んだ監査役が監査役会をつくり、この監査役会で取締役を選任するというドイツの共同決定法が誕生した。あと、イギリスの労働党などもそのような綱領を持っていたけれども、政権を取れなかったから現実化しなかった。フランスでは労働株の理論といって、労働者に株式を与えて経営参加を図るとかということがありました。

そのようなことが議論の対象になっているうちに、日本の企業は高度成長期、三〇年代を経て四〇年代ということになり、東京オリンピックで高度成長期の集大成をして、先進国の仲間入り、資本自由化だということになってきました。その時に何が顕在化してきたかと言いますと、ありとあらゆる公害が顕在化してきたのです。この辺の神田のあたりなど臭くて歩けなかったですね。光化学スモッグは多いし、もっとも機動隊と学生が衝突していたから催涙ガスも多かったけれども、歩いている時には目がしょぼしょぼしていました。そのような公害が出る一方で、オイルショックだとかニクソンショックだとかいうことが起きました。そんな時に日本の企業は、洗剤だとか砂糖だとかトイレットペーパーまで買い占めて、狂乱物価を引き起こしました。

このように企業というものは利潤追求活動のために何をやってもいいのか。公害によってみんなの健康を犠牲にし、日用品までも買い占めて日常生活を犠牲にする。そのような背景の下で、そもそも企業の利潤追求活動には一定の倫理というものがあるのではないのかということが問題にされました。そこで、企業の社会的責任ということが言われだしたのです。それによって私的所有の論理による企業組織を規制しようと、企業の社会的責任論が登場するということになります。昭和五六年の商法改正の時には、国会の付帯決議で、企業の社会的責任論を商法に入れるべきだと、民法一条の三の権利濫用とか信義則のように、企業の社会的責任論を会社法の条文に入れることの検討が求められるような付帯決議まで出されました。

そのような企業の社会的責任についてかなり言われだした時に、日本は急に景気が良くなってバブル経済にどんどん突入していきました。そのバブル経済時代には、企業はまさに社会的責任をきちんと履行しています。企業は文化活動に努めています。企業メセナをやっています。いろいろな美術館を造ったり、ホールを造ったり、いろいろなことをやっている。冠付のスポーツ大会をやったりして、企業は社会的責任を果たしていますという状態でした。けれども、バブルが崩壊してみたら何があったか。そこにはいろいろな企業不祥事がたまっていた。放漫経営もいろいろなところであった。そのような企業のあり方はどう考えたらいいのか。総会屋への利益供与を切るためにはどうすればよいのか。名門企業もほとんど利益供与をしていたことが発覚しました。そこで、そのような企業経営をきちっと統治すべきではないかということで、コーポレート・ガバナンス論が出てきました。

以上の経緯は、いわば私的な所有物としての企業のあり方からではなく、違う視点からの規制原理を考えるというものだったと思います。そして、この規制原理については、時代ごとにいろいろな変遷があるということだと思います。今年の商法改正について、コーポレート・ガバナンスが結晶したものだと、非常に評価する人もいます。評価する意見もあるし、評価しない意見もあると思います。コーポレート・ガバナンスの観点からのいろいろな規制が出てくるのはわかりますが、今年の改正について言えば、必ずしもそんなに評価するに値しないかもわかりません。

なぜ値しないか。簡単に言えば、本当にいい規制システムだったら、規制法としての会社法から言えば、全部の公開企業、大会社について、委員会等設置会社を強行法的に強制すればよかったのではないかということです。ところが、今回の改正は、定款で監査役設置会社のままでもいい、委員会等設置会社にいってもいい、どちらでもいいほうを選びなさいとしている。いわば、選択制を採用している。コーポレート・ガバナンスの視点から、絶対的に委員会等設置会社のほうが優れているのならば、これを強制したはずだと思います。強制していない、選択制だというのは、いわば立法者も、絶対的にこちらがいいと言い切れていない。これにはもちろん見解の相違がありますが。そして、委員会等設置会社を選択した企業でも、その取締役会の構成で社外取締役が多数を占めるようなアメリカモデル型になっている企業は少数です。

会社法を規制法としてとらえる観点は、所有と経営の分離の中で、いろいろな利害関係者の利益調整をするために生じる規制を考えていくのが本来だったのだと思います。しかし、歴史的に見れば、それ以外にも「企業自体の思想」から始まって、その企業を取り巻く社会の環境変化から生じる、いろいろなものの考え方から出てくる規制もあるということです。そのような考え方の一つとして、最近では、コーポレート・ガバナンスの観点からの規制があるということだと思います。このような形で規制というものが全面に出てきていたのが、今までの規制法としての会社法です。

4　モデル法としての会社法（1）――規制緩和について

しかし、この規制法としての会社法が今後も維持されるべきかどうかに対する大きな問題提起がなされています。それがモデル法としての会社法に転換していくべきではないかという問題提起です。例えば、本当にコーポレート・ガバナンスという視点から、会社法を規制法としてとらえなくてはいけないか、規制法としていくことがかえってマイナスになっているのではないのかというような、問題提起が投げかけられてきています。

つまり、なぜ今規制緩和が求められてきているのかということです。規制緩和を求める理由としてはいくつかありますが、ここでは、まず「国際化の中で、日本企業の自由を保障する」ということが挙げられます。具体的な例としては、企業再編の多様化を図るということが言われています。その代表的なものが、平成九年の独禁法九条の改正による純粋持株会社の解禁です。これは、年配の方はご存じかもわかりませんが、独禁法九条というのは憲法九条と並ぶ九条なのですね。どちらもＧＨＱの置き土産と言われているぐらい。すなわち、そのＧＨＱが日本に財閥が復活することを恐れたというわけです。従来の財閥は、持株会社だったので、そのような財閥の復活を防止するために、日本では純粋持株会社を禁止するという独禁法九条をつくっていったという話です。

そうすると、例えば、グローバル化時代において企業買収ということを考えた場合、日本の企業は従来、子会社を持つことができるのは、定款の目的の範囲内だけと解され、鉄鋼業なら鉄鋼業の子会社しか持てません。とすると、この鉄鋼業が重厚長大で必ずしも成長産業ではないということになると、新たな成長産業を行う多角経営をしたいということになる。こういった場合に、自ら新しく投資をして新規事業を立ち上げようとしても、定款の目的を変更して、わざわざそのような新しい事業を定款に書いてからでないとやれない。または、世界を見渡してみると、有望な新しい事業をやっている、まだまだ萌芽期の企業がある。あの企業を買収してしまえば、自分が新しくゼロからやるよりいいと思って買収したいという場合でも、定款の目的を変更してから、企業買収にかからねばならない。そのようなことをやっていたら、ほかの企業に先に買収されて、その企業を持っていかれてしまうかもしれない。このように日本企業の企業買収の迅速性には非常に支障があるということとなった。

ところが、アメリカなどの企業には純粋持株会社がある。定款の目的のところに具体的な事業などは特に書かないで、他の企業を支配・管理することを目的とする会社だというような形になっている場合、従来その企業がしていないような新たな事業をやっている企業、新しい産業の芽生えのようなベンチャー的な企業、そんな企業を有望だと思えばすぐに買収できてしまう。定款の目的を変更して、株主総会の特別決議なんていちいち必要ないのです。

さらには企業再編の中で、例えば、みずほグループなどのように純粋持株会社を上につくる。従来の商法では子会社はつくれるし、出資した新たな会社をつくることはできるけれども、自分の親会社をつくることはできなかった。また、企業結合をするような場合でも、合併しかない。合併などの形で企業結合すると、の二つの異質の組織が一体になって人事が混乱したり、組織が一緒になるためのロスが出る。

むしろ企業結合としてお互いに純粋持株会社を上につくって、そのもとで子会社として企業結合すれば、従来の組織のままで企業結合ができる。日本の企業でそれができないのでは、企業再編も企業結合も遅れをとるというわけで、株式移転などによって純粋持株会社を上につくる、親会社をつくる方法を認めてくれということになった。国際化の中で日本企業の競争力を維持するためには、商法で、アメリカの企業より手足を縛った形にしておくことは許されない。だから、規制緩和だということになる。

だから、規制緩和にも二つあるということですね。第一に多様な手段を認めてアメリカ企業が享受する手段を、日本の企業にも認めるという形での、多様性を認めていくのが規制緩和です。さっき言ったように、やってはいけない、純粋持株会社はダメだと言っているのをなくして、つくれるようにするという規制緩和です。第二に、規制緩和といっても、先ほど出たように、定款で委員会等設置会社になってもいいし、監査役設置会社でもいいとか、定款で株式譲渡制限会社になってもいいし、そうでなくてもいいとか、定款の中でいろいろな多様性を認めていく、いわば任意法規化していくこともあります。そういうような規制緩和が、はっきり言えば、国際競争力の強化ということで求められだしたわけですね。任意法規化をしたり、定款自治を拡大したり、企業組織の選択肢の多様化をするというようなことで、規制緩和というのが現実に一方では進行していっています。だから、コーポレート・ガバナンスのために規制しろと言うけれども、反面から言えば、規制緩和しろという要求も出てくるわけです。

5　モデル法としての会社法(2)──コーポレート・ガバナンスの観点からの規制は必要か

そんな中で、本当にコーポレート・ガバナンスの観点からの規制というのが、絶対的なものかどうかさえも批判が出てきた。それが「会社を取り巻く環境の変化」という問題なのです。そこに①株主構成の変化、②証券取引所の変化、③多様な監視機関、④資金調達の変化、⑤競争の激化、⑥雇用の流動化などが挙げられている。どのようなことか。

①株主構成の変化。この五、六年前の段階において、株主の四十数%が安定株主たちです。機関投資家とか個人投資家というのは非常に少なかった。ところが、この二〇〇一年ぐらいになると、機関投資家、個人投資家が四〇%を超えてきている。こういった株主構成の変化が、コーポレート・ガバナンスによる規制を、商法上、必ずしも絶対的なものとしない要因として挙げられている。どのようなことか。ものを言う機関投資家、株主たちが増えてくることによって、なにも法律的に経営者を、コーポレート・ガバナンスの観点から規制するということをしなくたって、実質的に株主たちがものを言って監督するから、法律で規制しなくてもいいという考え方です。最近、いろいろな株主総会で外国人株主だとか、機関投資家の発言が増えていますね。ああいったことが今後さらに進むだろう。現実に機関投資家の議決権行使マニュアルなども発表されています。私個人はいろいろ意見があるところですが、後ほど述べるようにします。

②それから二番目は証券取引所の変化。証券取引所において、上場規則などの改正で、証券取引所自らがいろいろ公開会社に対して規制をしてくる。となれば、商法による規制の必要性がそれだけ減ってくる。商法が必ずしも規制しなくとも、上場規則などによって規制されるではないかということが言われる。日本の証券取

引所もニューヨーク州の証券取引所ほどではないけれども、規制強化に乗り出してきているということです。

③三番目は「多様な監視機関」と、四番目は資金調達の変化です。この二つをまとめて言えば、次のようなことです。一つは間接金融から直接金融への変化です。従来我が国のコーポレート・ガバナンスは、一つにはメインバンクによるものが大きいとされていました。そのメインバンクの地位が低下してきている。そこにコーポレート・ガバナンスが問題とされる原因の一つがあるとされてきました。しかし、そのことは他方では、企業の資金調達において、直接金融による必要性が出てきたことから、株式市場の論理によってコーポレート・ガバナンスが図られるということも生じてきていると言えます。例えば、投資家の方の動きであるが、多様な投資行動が出てきている。『東洋経済』か何かの記事の中で、コーポレート・ガバナンスを数値化して、その数値が高い企業のほうが、株価の変動幅の中で株価が下がっていない、ないしは上がっているということが言われていました。また、社会的責任投資などといって、社会的責任を果たしている企業に対して投資をする、そのようなキャピタルが出てきた。機関投資家の中でも、企業の社会的責任を配慮している企業に投資するという投資マニュアルを持つところもでてきている。こういった中で、必ずしも会社法が規制をしなくたって、マーケットの論理によって規制されるということです。

⑤をとばして⑥の「雇用の流動化」。今まで企業不祥事を起こしたサラリーマンたちは、ほとんど内部告発をしていません。利益供与で逮捕されて週刊誌にいろいろと話している課長さんもいるけれども、あれは例外で、あまり話しませんね。上司に類が及ばないようにする。なぜか。会社をその時首になっても、後で関連会社などに就職を世話してもらったり、そのうち元の会社に戻っている人もいるわけです。あいつは会社のために犠牲になったのだということです。いろいろと話したらそのような道もなくなるから自分の判断でしましたという。けれども、もし終身雇用がなくなって、中途採用の率が今以上に増えていけば、そんな社会になって

きた場合には、このような思いをしてまでその企業にいますか。利益供与のようなことを命令するような企業だったら、いい人材が全部出て行ってしまうというような会社になれば、雇用の流動化によって、そういうような企業不祥事はなくなる。となれば、規制法で規制する必要性も、そんなになくなるということなのです。

6　コーポレート・ガバナンスからの規制

以上、述べたようないろいろな要素から、現代社会においては、会社法を規制法として、とりわけコーポレート・ガバナンスからの規制というものを維持する必要性が、ほとんどなくなってきているのではないか。日本社会の構造変化の中でその傾向はいよいよ二一世紀においては増していくのではないか、ということが言われるわけです。けれども、本当かなと、個人的には思う。すなわち、アメリカなどと同じように、社会を自由化していくということが本当に可能か。アメリカの場合と違う点がいくつかあるのではないかと思うわけです。

アメリカとの違いとしては二つあります。一つは日米株主訴訟の差です。日本でも株主代表訴訟とあるけれども、アメリカの株主訴訟には、日本型の株主代表訴訟、株主が会社を代表して取締役責任を追求するというもの以外に、いわゆるクラスアクションとしての株主訴訟がある。株主たちが、会社経営者の経営の結果負った株主としての損害をクラスアクション、集団訴訟で追求できる。自分たちの損害を経営者に責任追及できるのです。日本の株主代表訴訟は、会社の損害を株主が代表して追求するもので、自分たちの損害をカバーする道ではない。だから、株主代表訴訟がはやっていると言っても、自分の個人的利益のためにしているのではないのだからボランティアみたいなものです。株主クラス訴訟があれば、集団訴訟があれば自分の利益のために訴えられるから、経営者に対する株主のチェックがもっと出てくるのです。

それから、株主代表訴訟だって、日本の場合は取締役など役員にしか株主代表訴訟で追求できないけれども、アメリカの場合は第三者に対しても追求できる。会社に損害を与えたのが第三者であるような場合です。例えば、子会社の取締役に対しても株主代表訴訟で責任を追及できる。日本興業銀行事件のように、親会社をつくって代表訴訟を免れるなんていうことはできないということです。親会社の株主が子会社の取締役まで訴えることができるのです、親会社に迷惑を及ぼした場合は。重層的、または二重代表訴訟がありうるのです。

そうすると、こういうような経営者の責任追及というもののバックグラウンドが違う中で、先ほど①から⑥まで挙げたような、社会環境の変化だけで、日本の会社法をアメリカ的なモデル法的なものに規制緩和していくことが許されるのか、できるのかまだ検証が必要であろうと考えています。

それからもう一つ、日本の場合、先ほど株主構成の変化で、機関投資家、ものを言う株主が増えてきたという。しかし、本当だろうか。昨日の日経などでも「運用会社の利益が深刻だ」とか「米のGEキャピタル苦戦、買収戦略使えず」とか、またはワールドコムだとかエンロンのような場合において、機関投資家ないし機関投資家が派遣した社外取締役たちは本当に機能したのかどうか。

アメリカの場合、例えばカルパースのような機関投資家、彼ら運用者は、それぞれ基金の拠出者に対して責任を負っています。そして、何かあれば個人的にも責任追及をされます。ところが、日本の機関投資家の代表的なもの、例えば日本の生保はほとんど相互保険会社です。社員総会、総代会と言っているけれども、総代候補者というものが会社から送られてきて、何か信任「投票しろ」と来ますね、生命保険に入っている人には。ほとんど会社の指名によって候補者が選ばれているでしょう。あの総代会が日本の生保の経営者、つまり資金運用者の責任追及をしていますか。利回りが予想利回りにいっていない。運用成績が逆にマイナスだ。これが、日本の生保の最大の問題になっているのでしょう、今。けれども、誰も生保の運用責任者、すなわち生保の経営者の責任追及などをしていない。だから、日本の生保も従来、ものを言わぬ株主の一人であった。機関投資家、株主総会の構成が変化したからといって、日本の機関投資家には、運用者の責任を定めたアメリカのエリサ法のような法律がない。そこで、本当に機関投資家が、その責任を果たすのかどうかが問われている。

このような基本的な大きな相違のもとで、アメリカの会社法のような自由化をしていいのか、やはり慎重にならざるを得ないと思います。日本の場合、コーポレート・ガバナンスを確保するということから言うと、やはり規制法的な視点をまだまだ無視はできないのではないかと思われます。

その肝心のアメリカにおいて、会社法は自由だと言われるが、これは自由にせざるを得ない理由があるからです。例えば、ニューヨーク州の証券取引所に上場している会社のうちの八割くらいがデラウエア州で設立された会社です。なぜデラウエア州で設立するかといいますと、デラウエア州会社法が会社に非常に大きな自由を認めているからです。会社は会社で一番自由なところで設立する。事業は事業で、その事業根拠地は別に決定される。例えば、株式の上場はニューヨーク州、というようなことで、これらがみんな分離してしまう。そして、規制を厳しくしたら、会社はその州から緩いところへ逃げて行ってしまう。だから、各州の会社法はどんどん自由化が進んでいく。競争で、企業誘致のために、規制ができないのです。

そうすると、企業規制は全米で統一でなければならない。それで規制する法律は連邦法ということになる。証券取引法だとか、この七月末に成立した企業改革法だとか、規制するのは連邦法でやらなければならない。そこでアメリカの場合、実質的な会社法というのは、その二つの組み合わせ、州法としての会社法と、連邦法としての証券取引法や企業改革法ということになる。

ただ、この規制というものも、今の時代には、一国だけでの規制だと非常に大きな問題が生じる。日本も、コーポレート・ガバナンスの観点から、規制がどうしても必要ではないかと言ったけれども、この規制があまり厳しかったら、日本企業はどこかへ出て行ってしまうかもしれない。例えば、「企業改革法ができてから日本企業にも適用、米国流にとまどい」だとか、それから「欧州企業、アメリカでの上場敬遠」といった新聞記事があります。アメリカで上場したら企業改革法が適用されて、これはたまらないという形で、アメリカの証券市場から撤退する企業が出てくる。

このように、いわば世界的な、グローバルな中においてものを見る時に、一国だけで規制したら、その国で企業は設立されない。他の国に資本が逃げてしまう。ＥＵなどでもそうです。先ほど言ったように、ドイツに共同決定法があってわずらわしいとなると、事実上ドイツで主な事業をしている会社でありながらも、イギリスに会社をつくってしまう。イギリスの会社になってドイツの共同決定法の適用を免れる。ＥＵという共同市場の中では、それで十分だからです。だから、今規制法というものを考えていく時には、全世界的な、このような視点もある程度考慮しなければならないのは確かです。コーポレート・ガバナンスを一国だけで厳しくしたら、企業はみんな逃げ出してしまうかもしれないということです。

そういったことも考えながら、規制法としての会社法と、ある意味では自由化という問題、この二つを調整していかなければいけないのが現代の国際化の中の会社法、商法なのです。

（二〇〇二年一二月一七日）

聴取者の質問 Q&A 演者の回答

Q　まず一つは、モデル法というようにおっしゃったのですが、規制法というのは非常にわかりやすくて、あれこれをやってはいけないということだと思うのですが、このモデル法というものはいま一つよくわからないところがありますので、この部分についてもうちょっと突っ込んでご説明いただきたいというのが一点です。

もう一点は、日本のコーポレート・ガバナンスというのは、今までのいろいろな見方がありますが、一つはメーンバンクによる監視が非常に大きな力を持っていた。お話の中にあったように、メーンバンク、生保と言われる存在の中で相互会社というのは、私もコーポレート・ガバナンスとして非常に問題のある組織だと思います。今まではそれは旧大蔵省だとか、現在の金融監督庁などの行政指導というものがある程度機能していたから、何とかガバナンスが保たれていたというところがあると思うのですが、それの力も今落ちてきているという中で、法律面から見てどのような問題点があって、どうすべきなのかという点について、お考えがありましたらお聞かせ願いたいと思うのです。

A　前者のモデル法ですが、最初は会社形態というのはまさに既製服でガチッとしていた。そのような中で、例えば定款自治が認められだしたとかということになると、多少イージーオーダー的に、一部的に直すことができる。さらにいろいろな多様化が出てくると、同じ、例えば既製服でAというサイズでも、Aの一とかAの二とかAの三とか、こういうような形である程度多様化が出てきた。そこまでだったのです。ところが、モデル法というのは、例えばA型のモデルの服装があります。B型がある。それについて自分は、A型で洋服を作ってください。ただし、そのサイズについては、いわゆるその人の身長とか胸回りとかいろいろ測って、形はA型で、ただしサイズはいろいろ自由にその人に合わせて作ってくれるというような、背広のオーダーです。それがモデル法です。ですから、モデルとしてA型、B型、C型があるのだけれど

聴取者の質問　Q&A　演者の回答

も、それぞれ自分の企業の身の丈に合ったような形で、いろいろ伸縮できるというようなのがモデルだと思います。

もう一つありましたね。日本の従来のコーポレート・ガバナンスとは、メーンバンクと従業員組合だと言われていました。これがコーポレート・ガバナンスを確保していたのだという中で、メーンバンクがいわば金融において間接金融から直接金融へ移行してきたわけです。またいろいろな銀行があのような状態であるということによって、力が落ちてきた。それから、従業員組合、組合の組織率が非常に低下してしまったという形の中で、ガバナンスが図られなくなった。

ところが、先ほど言ったように、それらが逆に規制緩和の要因の中で、ガバナンスを会社法でやらないでも済む要因になってきているというようにも考えられる。いわばそういうようなもたれ合い的な形でないことによって、かえって規制が行いうるようになって、会社法を、規制法でなくて任意法化するファクターになるのだということの理解が、出てきているということです。

Q　ただいまの講義の中で、アメリカの株主代表訴訟の件がありましたが、これがもし日本で採用されれば、コーポレート・ガバナンスにとっても有効ではないかと思いますが。ところで、それはいつごろ採用されそうですか。それとも永遠に採用は無理ですか。

A「商事法務」という雑誌をご覧になっていただいている方は知っていてくださるかもわかりませんが、私は株主代表訴訟研究会を構成しているメンバーでもあるわけです。なぜならば、私は日本におけるコーポレート・ガバナンスの最も本質的なものは株主代表訴訟にあると考えているからです。今言ったようなものをみても、多数決制度でやっている株主総会による監督、取締役会による監督、これはほとんどある意味では社長に握られているのではないか。けれども、一株でも責任を追及できる株主代表訴訟がある。株主を一〇〇%把握することは、いかに社長といえども

聴取者の質問　Q&A　演者の回答

できないでしょう。すると株主代表訴訟を社長が恐がる、取締役が恐がる。このように経営者が恐がるのは、一株でも訴えることができる株主代表訴訟だけではないでしょうか。コーポレート・ガバナンスの規制緩和をやってもいい。いろいろなことをやってもいい。資本原則を緩和してもいい。けれども、緩和してはいけないのは株主代表訴訟だと考えています。株主代表訴訟が、いろいろな意味の担保になりうるという意味合いも持っていると考えています。

Q　日本でエリサ法などが成立したらどうなりますか。

A　今のようなぬるま湯で、あのような運用成績が全然上がらないで、利益配当ゼロで、マイナスでは、まず、生保などは震え上がるでしょう。保険契約者に対する責任があるはずです。赤字の体質を持っているところの、運用責任者の責任追及なんていうのが出たら、株式会社に転換する前に青くなるでしょう。

現実の立法の中では、なかなか難しいと思います。そのような議論はなかなか通らないし。取締役の個別報酬の開示でさえ、企業の代表者として、法務部長だとか、取締役が出席されている審議会などでも、必ず「いや、それは困る」という形できますから。そういったコーポレート・ガバナンス強化という改革に対する抵抗は強いです。

Q　カルパースのような公的年金基金が日本でも登場してくることはどうでしょうか。

A　日本のような公的年金制度の下で、公的年金基金が株主総会で投資家として議決権行使するのが望ましいかどうか。さらに、取締役を送り込むというところまで行くべきかどうかは慎重であるべきではないでしょうか。

Q　では、公的年金はどのようなことをすべきでしょうか。

A　その問題の多分背景にあるのは、株主た

聴取者の質問 Q&A 演者の回答

ちがどのような利益を求めるかということも関係しますね。多分その質問と関連しているのでしょう。アメリカの場合、はっきり言えば、株主たちは株価を上げてくれればいい経営者、株価を下げたら悪い経営者。要するに、株価を上げるための経営をしろと要求しています。それで、株価を上げてくれたら、経営者たちはよくやってくれたと言います。だから、日本人の感覚からなじめないのは、例えばリストラをやって従業員の首を切って、それで株価が上がって、首を切った経営者がストックオプションでボーナスをもらうというようなことだと思います。こういうようなことを促進させるために議決権行使をすべきかどうか、これを、今言ったように、地方公共団体だとか国というようなものの基金が行うことがいいかということだと思います。

公共的な基金だったら、もっと長期的な経営のためにプッシュをする議決権行使をすべきなのではないかということではないでしょうか。そうすると、それは議決権行使をしていい、悪いではなくて、議決権行使マニュアルの問題です。最近、議決権行使マニュアルをいろいろな機関投資家がつくって発表していますが、厚生年金基金も議決権行使マニュアルを発表していますね。ああいった行使マニュアルの問題で、基本的精神の問題でしょう。

だから、アメリカのコーポレート・ガバナンス、株主利益最大化、会社は株主のものだということでいけるとは考えていません。日本の場合はその前提に、企業の社会的責任論があります。それを踏まえたコーポレート・ガバナンスではないかというように考えれば、その議決権行使というもののあり方も、そういうように社会的責任論を踏まえたコーポレート・ガバナンスという形で議決権行使すべきというマニュアル、基本精神が出てくるのではないかと思うのです、もし議決権行使の精神から言えば。具体的にそれをどこでどういうように扱うか、またその抽象的なマニュアルのもとの、具体的な運用基準の問題になるわけです。

第11章

中国におけるコーポレート・ガバナンスの現状と改革

李　維安

南開大学国際商学院教授

中国におけるコーポレート・ガバナンスという研究テーマは、中国では政府の政策担当者、学者や企業経営者に注目され、経営改革の一つの重要なホットテーマになっています。特に、最近アメリカで大企業の不祥事が発生したため、中国ではコーポレート・ガバナンスの問題はさらに重視され、現代的企業制度の設立が中国企業改革の重要な方向であると提唱されています。さらに、中国証券監督委員会は、今年（二〇〇二年）をガバナンス元年としました。そういった背景の中で、現在、中国企業の改革は新しい段階に入り、いわゆるコーポレート・ガバナンス改革が始まっています。しかし、それにもかかわらず、現代的企業制度が導入されても、依然として多くの赤字企業が出ています。

今日は時間制約のため、私は次のように五つの内容に分けてお話したいと思います。

1　中国株式市場の現状と「国有株の放出」

ご存じのように、中国では一九九一年に、二つの証券取引所が設立されました。一つは上海証券取引所で、もう一つは深セン証券取引所です。上場企業の総数から見れば、今年七月現在で一、一八七社です。株式市場の規模から見れば、二〇〇一年の時価総額は大体日本の四分の一で、世界第五位になっています。日本とアメリカほど株式市場の規模は大きくありませんが、大体このくらいの規模です。

中国の現状では厳重な為替管理のもと、海外投資家は両取引所の中でも外貨建てのB株での売買に限られ、国内投資家が売買できるA株（人民元建て）とは市場が分けられています。B株で上場企業の数は一〇九社です。A株とB株で同時に上場した会社は、八六社ほどです。しかし、為替管理は徐々に緩和の方向にあり、去年から中国人でもB株が買えるようになりました。あと、H株というものがあります。H株は、大陸企業が発行する株式で、大陸市場に上場した場合はA株やB株といい、香港に上場した場合がH株となるわけです。

これらの上場企業のガバナンスに関しては、私見ですが、まだたくさんの問題があります。問題の一つは、発行株式のかなりを占める国有株は流通できないことです。国有株は、もともと国家が国有株式会社へ出資することによって形成された株で、公開取引はできません。そのような株は、年々減ってきていますが、まだ全株式の三分の一くらいあります。あとは法人株です。法人格を有する企業が相互に出資することによって形成された株で、法人間でのみ譲渡できます。それと併せて流通できないのは、従業員持ち株です。中国の株式市場においては、これらの流通できない株は全株式の三分の二を占めます。流通株、つまり日本のような浮動株は、全株式の三分の一しかありません。これが中国株式市場の実態です。先ほど申し上げた時価総額も、流通株の株価だけによって計算されたものです。このような株式流通規制がある中国株式市場は、今、問題になっています。

去年から、政府は国有企業が競争性のある業界から撤退するという方針を打ち出しました。つまり、今後国有企業は、道路や電力業界など競争性の強くない業界、あるいは、競争性のない業界で存在し続けますが、それ以外の競争性のある業界から撤退するということなのです。そこで、株式市場では「国有株の放出」という方針も打ち出しました。しかし現実は、国有株を放出した後、株価はすぐに下落してしまいました。今でも、中国の株式市場で国有株の放出というわさがあれば、すぐに株が売り出され、株価が下落してしまいます。ですから、今のところは国有株の放出は大きな懸案問題になっています。しかし、もし国有株を放出しないと、市場経済の原理を徹底した株式市場を形成することはできません。この問題は、政府の政策担当者にとって悩ましいところです。

今年、政府は全国の学者、経営者や有識者などに対して、国有株の放出に関する意見やアドバイスを募りました。その結果、約二、五〇〇件の意見が集まりました。集まった意見はいろいろと分類できますが、どのような意見でも、国有株放出の問題を根本的に解消できません。つまり、どのような具体的な対策にもかかわらず、もし国有株放出という情報、あるいは、そのような政策を出したら、株価はすぐに下落してしまいます。株式市場は国有株を放出することによって株価が暴落するのではないかとの懸念が高まり、たびたび株価の大幅下落が起こります。このため政府は、二〇〇二年六月、正式に株式市場を通じた国有株放出政策を一時的に中止すると発表しました。それにより、中国市場の株価は逆に急騰しました。

それから中国の関係者は、国有株放出というような、株式市場を刺激する言葉を使わないようにしてきました。その代わり、みんなを安心させる意味で「国有株流通」という言葉を使っています。しかし、どのような言葉を使っても、改革の推進は必要であり、これは一つの大きな問題です。

2　上場企業の独立性が弱いという問題

もう一つの問題は、上場企業の独立性が弱いということです。ご存じのように、中国での証券市場、株式会社の改革は、もともとは国有企業の改革を支援するためのものでした。ですから、最初の上場企業はほとんど国有企業でした。まず、親会社から一部の優良資産、つまり赤字のない収益率の高い資産をもらって、新しい子会社をつくって、そして上場する、というプロセスです。しかし一方、上場のあと、子会社の上場企業が募集した資金は、親会社も使っています。そのため、上場企業はほとんど独立性がありません。

では、資金はどういうふうに子会社の上場企業から親会社に流出するのでしょうか。それは関連取引です。大体このような言葉が中国で使われています。上場企業が元の企業グループの中で関連取引をすることによって、資金は親会社に流出してしまいます。資金は上場企業から親会社へ一方的に流出するのではなくて、親会社からも上場企業へ資金が流出します。それは、上場企業の決済の時です。「三年連続で赤字を出した企業の上場は停止できる」という規定がありますので、上場企業が赤字を出せば、株式市場から退場する問題になるため、親会社からも資金面で不正な支援をもらっています。そのようなケースも多いです。

この問題を解消するには、上場企業のグループあるいは親会社から、上場企業はどのように独立性を持つべきか、守るべきかと問われることになります。以前は、上場企業に対して必ず三つの分離が強調されました。それは人と資産と財務の三つの分離です。現在では、五つの独立が強調されています。人、資産、財務のほか、取引・販売、組織も独立すべきだと強調されています。また、親会社の社員は子会社の上場企業での兼職も禁止されています。

先ほど申し上げたように、中国政府がまだ上場企業株式の過半数を所有しているか、または筆頭株主となっていることが多いのです。つまり、国有企業が株式会社へ移行しても、政府は依然として支配株主です。それに関しては、中国に「一股独大」という言葉があります。文字のとおり、上場企業が筆頭株主（政府）に支配されるという意味です。つまり、今、上場企業のコーポレート・ガバナンスは、支配株主が少数株主の利益を阻害する行動が可能な構造を抱えており、上場企業の経営が歪められるおそれがあります。

もう一つの問題は、株式会社の粉飾上場です。最近、アメリカや日本の企業において不祥事が出てきていますが、その問題の一つは粉飾決算でしょう。中国では粉飾決算だけではなく、上場する時の粉飾上場の問題があります。企業上場に関しては、従来、地方政府に上場枠が割当てられており、地方政府はできるだけ地元の大手国有企業を上場させます。もちろん、赤字企業は上場できません。そこで、粉飾上場の問題が起こります。上場企業に対する資産評価は高くする傾向があります。例えば、一億人民元の資産にたいして、評価を一億五、〇〇〇万人民元にして、何％も増えます。水増しした高い評価となっています。しかし、企業は上場した後、元の親会社の赤字経営や債務問題などを負担しなければなりません。さらに、募集した資金で親会社の債務を返還します。そうすると、上場企業は大変でしょう。粉飾上場問題があるため、上場企業の生産コストは高くなり、一つの深刻な問題となってしまいます。今、上場企業の中に赤字企業がたくさん出ているのは、これが一つの原因なのです。

したがって、上場企業のガバナンス準則の設定は特に緊急の課題です。米国型であれ英国型であれ、今年の第一の要務として、証券監督委員会は、中国上場企業のガバナンス準則を、プリンシプルあるいはコードか、プリンシプル・オブ・ガバナンスあるいはコード・オブ・ガバナンスとして決めると思います。

そこで二つのキーポイントに注意しなければなりません。一つは、今年六月三〇日までその基準に基づいて、各上場企業はガバナンス準則を自己申告しなければなりません。いわゆるディスクロージャーです。会社が自分で書いたそのものを検査します。ほかの国ではガバナンス準則というものは、ある意味で会社を指導するものにすぎないかもしれませんが、中国では必ずそれを遵守しなければなりません。

もう一つは、上場企業のガバナンス準則の設定は、ただ中国証券監督委員会だけによるものではなくて、中国証券監督委員会と中国国家経済貿易委員会との双方によるものです。中国証券監督委員会は上場企業に対する監督・監視の権利を持っていますが、非上場企業の親会社に対して監督・監視権利はありません。それに対して、中国国家経済貿易委員会は親会社の主管部門ですので、上場企業のガバナンス問題を解決するために、親会社と上場企業の両方を監督・監査する形でやらなければなりません。

3　インサイダー・コントロール問題

中国におけるコーポレート・ガバナンスに関しては、インサイダー・コントロール問題、つまり内部経営者支配の問題もあります。ここでいう内部経営者とは、上場企業内部から出た経営者だけではなくて、親会社から派遣された経営者でもあります。最近はもちろん、ガバナンスの規制によって禁止されていますが、以前は、上場企業の会長と親会社の会長または社長は一人であるというケースも少なくありませんでした。これも難しい問題です。この問題を解決するため、中国は企業の経営メカニズムを改良・革新し、いろいろな制度を導入するようにしています。

例えば、取締役会長と社長に対するインセンティブ・メカニズムとか、監視メカニズムとかは、どうしたらいいでしょうか。彼らの給与とか報酬とかは、いくらがいいのでしょうか、また誰が決めるのでしょうか。今、このようなコーポレート・メカニズムをつくっています。もともとは、上級主管部門や行政部門が決めるものでした。今はもう、「政企分離」ですので、つまり政府の行政と企業の経営が分離しましたので、株式会社がかなりの自主権を持っています。したがって今、中国では、誰が経営者の報酬を決めるかといいますと、ほとんど経営者が自分で決めています。それも問題があるでしょう。経営者が自分で決めると、いろいろな問題が出ますね。本来は、取締役会で決めるはずのものです。ところが、取締役がみんな社内取締役の場合は、また問題があります。社内取締役とは、会社内部の管理ポストを持って、それと同時に取締役の機能を行使しているものです。彼らは会社の社員として必ず社長と会長の部下になります。彼らの給与とか仕事とかは、みんな会長か社長が決めています。このようなメカニズムを改善するために、社外取締役を導入すべきだと提唱されるようになりました。

4　社外取締役制度の導入

今、中国の企業では社外取締役がほとんど半分以上を占めています。しかし、まだ問題があります。なぜ問題があるかというと、これらの社外取締役の独立性がないからです。では、なぜ社外取締役の独立性がないかというと、このような問題があるからです。

中国で社外取締役というものは、ほとんど親会社から派遣された人々なのです。子会社の上場企業の中ではポストも持っていないし、給料ももらっていません。しかし、彼らと社長とは昔親会社で同僚だったのです。一緒に仕事をやっていたのです。それゆえに、不正な関連取引問題が出てきます。例えば、関連親会社が上場企業の資金を占用することとか、不公平な価格で購買・販売することとか、資金の委託管理とか、貸部屋権とか、関連会社との資産のリストラクチャリングとか、こういうことによって資金は親会社に流出して、占有されてしまいます。

その問題を改善するために、中国は去年から新しい制度として独立取締役制度を導入しました。すなわち、独立性を有する社外取締役を導入することです。この社外取締役は、必ず親会社、親株主、経営者、会社に対して独立性がある資格を持っている人です。この新しい制度によると、今年（二〇〇二年）六月三〇日までに、一つの株式会社には二名以上独立取締役を導入しなければなりません。来年、二〇〇三年六月三〇日までには、取締役の三分の一は独立取締役でなければなりません。今、このような制度改革が行われています。

ですから、特に今年六月三〇日直前の二八日、二九日まで、株式会社はみんな取締役会や株主総会などを開いて、独立取締役員を探していました。そのため、今、中国では大学の経営学専門の教授たちはとても忙しいのです。私も今、株式会社で独立取締役をやっています。日本とは違って、中国で経営学の教授は、企業経営の実態を解明するために、そのような兼職をやってもかまいません。逆に、私のコーポレート・ガバナンスに関する講義と企業経営に関する講義にも、かなりの人数の会社社長や副社長が参加しています。

また、中国では、社外取締役に対して報酬を与えるべきかどうかということに関しては、ずっと議論されています。それは、もし社外取締役が会社から報酬をもらえば、社外取締役の独立性が失われるのではないかという恐れがあるからです。これを議論しますと、また長い話になるかもしれませんが、今日は簡単な説明だけをさせていただきます。最近の規定によりますと、勤務時間や仕事内容に関して社外取締役にはすべて義務が付いています。また責任も重いのです。規制違反をすればすぐ罰金を取られてしまいます。さらに、刑務所に入るケースもあります。

それに対して、最初は、社外取締役に交通費という名目で補助金を出していました。報酬ではありません。交通費は、中国語で車馬費といいます。今は、上場企業のガバナンス準則によって、会社は社外取締役に正式の補助金を出すことになりました。その補助金に関しては、まず取締役会に提案し、そして株主総会での承認も必要です。もし株式総会に承認されると、一年間補助金がいくらかと、新聞に公表します。補助金以外のものは、もうないでしょう。

このように、一応、中国では社外取締役や独立取締役制度を導入しています。もちろん本当に独立性があるかどうか、まだまだ問題があります。しかし、問題があるにもかかわらず、企業経営が一歩一歩、少しずつ改善されているのは現実です。ここに改革の真の意義があるわけです。

5　中国における多国籍企業・外資系企業のガバナンスについて

最近中国では、多国籍企業・外資系企業のガバナンスが、一つのホットテーマとして研究・実践されています。去年、WTO加盟後、中国企業の国際化がいっそう進んで、国有企業にとって、どのようなタイプのガバナンス・モデルを導入したら有効なのか、みんなその答えを探しています。

中国では、日本、アメリカ、英国、ドイツ、いろいろなガバナンス・モデルが議論・研究されています。実際、これらの外国モデルは、すでに中国国内の外資系企業で実践されています。

例えば天津では、経済開発区の中にモトローラーとか、トヨタとか、ホンダとか、ヤマハとか、これらの合弁会社あるいは子会社があります。これらの中国子会社は、最初は親会社のガバナンス・モデルを採用していました。しかし、競争するため、中国の法律と経営の環境に応じて、現地化する、あるいはほかのモデルも導入することもしています。ですから、中国で有効なガバナンス・モデルの確立には、わざわざアメリカや日本などという遠いところから導入するより、近いところである中国国内の外資系企業のガバナンスがどのように転換しているかを研究し、それを吸収するほうが、一番の近道と言えるかもしれません。

一方、ご存じのように、中国では、外資を導入すると同時に、中国企業の外国への投資も進んでいます。もちろん、その規模は外国資本ほど大きくないですが、速いスピードで伸びています。中国企業の海外経営の有名な例としては、家電メーカーの海爾《ハイアール》があげられます。海爾は、最初はドイツで、そのあとアメリカで、また日本で、最近は東アジアや東南アジアでも工場をつくって、販売しています。中国企業が海外進出する時、どういうふうにガバナンスを構築してきたのか、この海外経営の貴重な経験は、中国のコーポレート・ガバナンスの確立に参考になるでしょう。

ここでは、天津での多国籍企業に対する調査を簡潔に説明させていただきます。天津はご存じのように北京から近いところにあります。高速道路で一時間半か二時間くらいです。天津の経済は、北京、上海、広東より遅れているのは事実ですが、天津政府は開発区へいろいろな大手会社を誘致し、開発区の管理は、中国において一つの開発区モデルとして評価されています。今回の調査対象は天津にある多国籍企業です。もちろん日系企業もその調査の対象です。調査の方法は、アンケートとインタビューです。三つの研究グループを分けて調査をいたしました。

調査の結果として、一つは、多国籍企業が支配権に対して持ち株比率を重視することがわかりました。合弁企業の場合は、外国資本の持ち株比率は半分以上、大体六五％以上になります。もし合弁会社の経営がうまくいったら、外国資本はすぐ増資し、できるだけ合弁企業の支配権を持とうとします。もし支配権を持たない場合は、できるだけ資金とか、技術とか、販売ルートをコントロールします。あるいはいっそのこと合弁企業を独資企業に変えたりします。もちろん赤字になって、中国側が資本を撤収し、外国独資企業になるケースもあります。

調査結果のもう一つは、多国籍企業のガバナンス・モデルが、ほとんど親会社主導型のガバナンスを採用し、親会社がコントロール権を持っていることです。もちろん調査対象の多国籍企業には、合弁会社が多いからです。これらの会社は、取締役会が設立されていても、ガバナンス機能はとても弱いものです。以前は、外資系企業は、中国では上場できませんでしたが、今年から上場できるようになりました。ですから、これから多くの外資系企業が株式会社に変更し、中国国内の証券市場で上場する傾向がみられることでしょう。

中国では、会長と社長のどちらがナンバーワンか、今でも問題になっています。日本では社長が強いですが、中国では、法律上企業のナンバーワンは会長です。それに、法人代表権は一人だけ、つまり会長一人しか法人代表権を持てません。日本では多分複数ですね。一人だけだとしたら、必ず社長です。ですから、合弁企業の場合は、外国側の親会社は必ず社長を派遣します。それに対して、中国側は、会長を任命します。このように合弁企業の中には二重のポストがあります。

独資企業の場合は、外国の親会社は取締役会役員や社長をみんな直接任命します。そうすると、本来の取締役会のガバナンスは機能しないでしょう。また、九〇％の企業は社外取締役を設置していないし、監査役会もほとんど設置していません。では、中国上場会社の取締役会の中で、監査委員会設立の現状はどうでしょうか。ガバンナンスの準則に基づけば、取締役会の内部には必ず四つの委員会を設置しなくてはなりません。一つは監査委員会、一つは戦略企画委員会、もう一つは指名委員会、そして経営者報酬と業績評価委員会です。また、監査委員会、指名委員会と経営者報酬と業績評価委員会については、委員の大半数は独立取締役でなければならないという規定があります。しかし、現状は独立取締役員の人数は少ないのです。結局、一人の委員が一つの委員会で務めるだけではなくて、ほかの委員会でも兼職します。そうすると、監査会の機能が本当にできるのか、疑問がありますね。また、取締役会の中での監査委員会と取締役会以外の監査役会との位置づけも、問題になっています。

取締役会の規模に関しては、日本の場合は、二年前のデータですが、大体一八・八人です。中国の合弁企業の場合は平均六人くらいしかいません。数から見ればすぐおわかりですね。合弁企業は権力が集中しています。監査役会も六一％の合弁企業で設置されていません。

多国籍企業が会社をコントロールする重要な手段としては、CEO、財務監査や直接重要な部門のマネージャーなどを任命することです。これらの部門は、会社の重要なコントロール・メカニズムを構成します。普通、外国側の親会社はＣＥＯ、財務監査およびほかの重要部門のマネージャーを直接任命します。それに対して、中国側親会社にコントロールできる部門は、やはり取締役会以外の人事部門と販売部門です。

インセンティブに関しては、中国人経営者と外国人経営者の間にかなり大きな差があります。それも問題です。特に解決しなければならない問題としては、合弁企業内での中国人経営者に対する「二重分配」のことです。中国側の親会社から派遣された中国人経営者は、合弁企業で外国人経営者と同じ給料をもらいます。しかし、親会社の経営者と比べますと、親会社の経営者の給料・報酬のほうがずっと低いのです。そのため、中国人経営者は合弁企業でもらったお金を中国側の親会社にあげ、再分配する、いわゆる「二重分配」が行われています。そして給料はできるだけ、みな平等に、平均的にします。その結果、中国人経営者の給料は同じ合弁企業で働いている外国人経営者よりずっと少なくなるわけです。そこで、インセンティブ問題になってしまいます。ですから、今、一部有能な中国人経営者は、外資系企業に転職してしまうということも起こっています。

もう一つの問題は、経営陣に対する評価の基準です。標準も変わっています。一番目は企業の成長性で、二番目は収益率で、三番目は従業員の満足度で、最後はシェアというふうになっています。多国籍企業の経営スタイルは、もともとシェア重視ですが、しかし、今回の調査結果は、シェアは四番目です。

あとは、経営者の現地化です。本来、日本、韓国、すなわちアジア系の文化や習慣は中国と近いですから、現地化は欧米より進むと思われますが、今回の調査によりますと、逆に欧米の企業は、日韓企業より現地化を一歩進めているという結果が出ているそうです。

例えば、モトローラーの中国子会社では、中国人を取締役会に受け入れています。役員の現地化で良い収益率がもたらされれば、経営者の現地化はさらに進むことでしょう。

そのほか、多国籍企業の意思決定についても調査いたしました。資金の借入先は、今のところはまだ国内の商業銀行でしょう。ですが、これから外国系銀行はもっと大きな役割を果たすべきです。あとは債権者の銀行、企業がどういうふうに多国籍企業の意思決定へ影響を与えるかも、重要なポイントです。

（二〇〇二年一〇月八日）

21世紀日本企業の経営革新
コーポレート・ガバナンスの視点から

2004年3月31日　初版第1刷発行

監修　中央大学総合政策研究科　経営グループ

発行者　辰川弘敬
発行所　中央大学出版部
東京都八王子市東中野742－1　〒192－0393
電話 0426 (74) 2351　FAX 0426 (74) 2354

装幀　清水淳子
印刷・製本　藤原印刷株式会社

ISBN4－8057－3126－5